中国社会企业立法研究

柯　湘◎著

知识产权出版社

全国百佳图书出版单位

——北京——

图书在版编目（CIP）数据

中国社会企业立法研究／柯湘著．--北京：知识产权出版社，2024.11. --ISBN 978-7-5130-9577-8

Ⅰ．D922. 291. 91

中国国家版本馆 CIP 数据核字第 20244N9P07 号

责任编辑：刘 江　　　　　　　　责任校对：王 岩
封面设计：杨杨工作室·张冀　　　责任印制：孙婷婷

中国社会企业立法研究

柯 湘 著

出版发行：知识产权出版社 有限责任公司　　网　址：http：//www. ipph. cn
社　址：北京市海淀区气象路 50 号院　　　　邮　编：100081
责编电话：010-82000860 转 8344　　　　　 责编邮箱：liujiang@ cnipr. com
发行电话：010-82000860 转 8101/8102　　　发行传真：010-82000893/82005070/82000270
印　刷：三河市国英印务有限公司　　　　　经　销：新华书店、各大网上书店及相关专业书店
开　本：880mm×1230mm 1/32　　　　　　 印　张：7. 5
版　次：2024 年 11 月第 1 版　　　　　　　 印　次：2024 年 11 月第 1 次印刷
字　数：168 千字　　　　　　　　　　　　 定　价：68. 00 元
ISBN 978-7-5130-9577-8

目　录

第一章

导　　言

第一节 研究问题及研究意义

本书的研究问题是：如何界定符合中国国情的社会企业并在此基础上建构中国社会企业立法。

社会企业作为一种既不同于传统营利组织亦与传统非营利组织有别的组织，越来越引起我国学界、公益界及政府的关注。对于何为社会企业，无论是理论界还是实践界，均是众说纷纭。比较一致的看法是：社会企业是希望在实现社会目标的同时能够在市场中取得财务成功的组织，也就是说，社会企业是有社会目标和财务目标之双重目标的组织。社会企业的先驱最早可以追溯至 19 世纪。1844 年，英国西北部城市洛奇代尔（Rochdale）成立了一家现代意义上的合作社，它由 28 名纺织工人筹集 28 英镑而建立，工人们反对工厂主设定的不合理价格，建立合作社以为他们自己提供消费得起的食物，它被认为是世界上最早的社会企业。此后，英国以及欧洲其他国家产生了大量的合作社，到 19 世纪末，合作社运动已经成为一种世界现象。❶ 社会企业在经过"二战"后的短暂的沉寂，于 20 世纪 90 年代在世界各国重新复苏并获得迅速发展。根据 OECD 和欧盟于 2017 年出具的联合报告，在比利时，社会企业已雇用 17% 的就业人口；在法国，

---

❶ 王世强. 社会企业在全球兴起的理论解释及比较分析 [J]. 南京航空航天大学学报（社会科学版），2012，14（3）：66-71.

包括社会企业在内的社会和团结经济体（the social and soli-darity economy）在 2014 年已达到 20 万家，产值占 GDP 的 10%及提供了 238 万个就业机会。社会企业在经济危机中还显现出了韧性，比如在意大利、比利时和法国，2008—2014 年，社会企业的雇佣率分别增长 20%、12%和 0.8%，而相比之下，主流私人企业的雇佣率都在降低。❶ 面对新冠疫情，社会企业也表现出了类似的韧性，根据一项针对全球 38 个国家和地区社会企业的调查结果显示，只有 1%的社会企业因危机造成的混乱而被迫关闭。❷ 而根据世界经济论坛基于 2013—2023 年收集的超过 80 个国家和地区的数据，全球大约有 1000 万家社会企业，每年产生约 2 万亿美元的收入，创造近 2 亿个工作岗位，占全球 GDP 比例约为 2%。❸

社会企业的概念自 21 世纪初引入中国后，逐渐进入公众视野，并因其有别于传统非营利组织和传统营利组织的特性和在解决社会问题方面的优势，越来越受到青睐。尤其是我国当前已经到了扎实推动共同富裕的历史阶段，社会企业作为一种同时兼顾社会回报和财务回报的组织形态，是助力物质财富和精神财富均达到富裕状态之极其有效的载体，是初

---

❶ OECD/EU. Boosting Social Enterprise Development：Good Practice Compendium［M/OL］. Paris：OECD Publishing，2017［2024 - 04 - 12］. http：//dx. doi. org/10. 1787/9789264268500-en.

❷ British Council. Innovation and resilience：a global snapshot of social enterprise responses to COVID-19［R/OL］.［2024 - 04 - 12］. https：//www. britishcouncil. org/society/social - enterprise/newsevents/reports - social - enterprises - higher - education-country-reports.

❸ World Economic Forum. The State of Social Enterprise：A Review of Global Data 2013 - 2023［R/OL］.［2024 - 08 - 12］. https：//www. weforum. org/publications/the-state-of-social-enterprise-a-review-of-global-data-2013-2023/.

次分配与第三次分配紧密结合的社会创新形式。大力发展社会企业，尤其在立法上保障其发展，有助于我国早日实现共同富裕目标。

第二节 文献综述

一、国内外研究现状

目前国内外关于社会企业的研究主要集中在以下几个方面。

（一）关于社会企业概念界定的研究

目前国内外对社会企业的定义尚未取得一致意见。曾有学者梳理了国外公开发表论文中关于社会企业的定义，多达近20个。❶ 在众多的定义中，比较一致的看法是：社会企业是希望在实现社会目标的同时能够在市场中取得财务成功的组织。但共识也仅止于此。对于社会企业所追求的社会目标应该是什么？要在多大程度上追求这个社会目标才能成为社会企业？一个社会企业要在多大程度上依赖市场收入以维持其生存才算在市场中取得财务成功？在社会目标和财务目标

---

❶ Marcelo Okano, et al. Measuring the Benefits of ICTs in Social Enterprises: An Exploratory Study [J]. Brazilian Business Review, 2021 (18): 317-333.

之间有没有哪个是应当相对优先考虑的?❶ 对诸如此类问题的回答导致了对社会企业的不同界定。国外关于社会企业概念的界定比较有代表性的观点主要有四种：第一种观点是专注于社会企业的国际研究网络 EMES 的观点。EMES 认为，社会企业有些共同的特性，包括民主的治理、有限的利润分配、投身于社会目的。EMES 还进一步从经济、社会和参与性治理维度提出了欧盟范围内最有影响力的"理想类型"的社会企业的九个指标。❷ 第二种观点是由迪斯（Dees）提出的"社会企业光谱"概念。迪斯利用光谱的比喻，认为从纯粹的营利到奉献于纯粹的社会使命之间的营利和社会目的的各种结合，都被视为社会企业;❸ 奥尔特（Alter）则在此基础上绘制了一幅更为详细的反映从传统的非营利组织到传统的营利组织之间的不同组织形态图，而社会企业及社会责任企业是追求两个目标可持续性的均衡点。❹ 第三种观点认为社会企业是由熊彼特式社会企业家创造出来的概念，这些企业家运用市场和非市场的方法，通过新的思路及破坏性创新

❶ Dennis R. Young, Jesse D. Lecy. Defining the Universe of Social Enterprise: Competing Metaphors [J]. Voluntas, 2014, 25: 1307-1332.

❷ J. Defourny, M. Nyssens. The EMES Approach of Social Enterprise in a Comparative Perspective [EB/OL]. [2024-08-12]. https://www.researchgate.net/publication/295367694.

❸ J. G. Dees, B. B. Anderson. Framing a theory of social entrepreneurship: building on two schools of practice and thought [R/OL]. ARNOVA Occasional Paper Series, 2006 (3) [2024-08-12]. https://centers.fuqua.duke.edu/case/wp-content/uploads/sites/7/2015/02/BookChapter_Dees_FramingTheoryofSE_2006.pdf.

❹ Kim Alter. Social Enterprise Typology [EB/OL]. [2024-06-19]. http://www.4lenses.org/setypology/print.

去取得一些物质与社会相结合的目标。❶ 第四种观点主要是从社会企业的多样性来理解社会企业。德富尔尼（Defourny）和尼森斯（Nyssens）根据组织利益追求类型、资源混合结构，提出四种社会企业模式：创业型非营利模式、社会合作社模式、社会商业模式、公共部门型模式；❷杨格（Young）和莱西（Lecy）则以动物园为隐喻，区分了六种社会企业：营利性企业、社会商业、社会合作社、商业化非营利组织、公私伙伴关系、混合体。❸ 国内关于社会企业概念界定之研究侧重点在于介绍国外的相关观点和梳理相关理论学派。在介绍国外关于社会企业的概念的基础上，国内学者还进一步提出自己对社会企业概念的看法，有的学者认为社会企业是以企业的行为来解决社会问题，实现非营利组织社会使命的组织形式，❹也有的学者将社会企业看作一种混合体或者介于营利与非营利组织之间形态的组织类型。❺

（二）关于社会企业立法和政策的研究

这一方面的研究可分为宏观分析和微观透视两个层面。

---

❶ Dennis R. Young. "If Not for Profit, for What?" (2013). 2013 Faculty Books 1 [EB/OL]. [2024 - 08 - 12]. https：//scholarworks. gsu. edu/facbooks 2013/1.

❷ J. Defourny, M. Nyssens. Fundamentals for an international typology of social enterprise models [J]. Voluntas, 2017 (6)：2469-2497.

❸ Dennis R. Young, Jesse D. Lecy. Defining the Universe of Social Enterprise：Competing Metaphors [J]. Voluntas, 2014, 25：1307-1332.

❹ 杨家宁. 社会企业研究述评——基于概念的分类 [J]. 广东行政学院学报, 2009, 21 (3)：78-81.

❺ 王名, 朱晓红. 社会企业论纲 [J]. 中国非营利评论, 2010, 6 (2)：1-31.

在宏观分析方面，潘晓总结了欧洲国家在"社会经济"路径下立法选择的三种模式：合作社模式、公司模式和开放模式。❶ 安东尼（Antonio）教授对欧盟国家社会企业的立法模式进行梳理，发现有的国家为社会企业创设专门的法律形式，也有的国家为社会企业赋予一个法定资格，后一模式近年来更受欧盟国家的欢迎。❷ OECD 和欧盟委员会在 2017 年的一篇报告中总结了各国促进社会企业发展的八个政策关键点，❸ 国内学者李健基于对 30 个国家案例的定性比较分析，系统地考察不同的政策设计因素在促进社会企业发展中扮演的角色和作用，进而提供了四种促进社会企业发展的政策选择方案。❹ 在微观透视方面，国内外相关学者主要是对各国比较典型的社会企业立法进行介绍，比如英国的社区利益公司、美国的共益公司、L3C、弹性目标公司、社会目的公司以及韩国的社会企业、意大利的社会合作社、俄罗斯的社会企业相关立法，主要从该等企业的特点、设立程序、监管及扶持方面进行分析；有学者还进一步指出现有社会企业立法

---

❶ 潘晓. 第三部门法的"社会企业"运动——欧美两种路径下的制度演进 [J]. 北大法律评论，2012，13（1）：221-240.

❷ Antonio FICI. A European Statute for Social and Solidarity：Based Enterprise，2017，European Parliament's Committee on Legal Affairs and commissioned，overseen and published by the Policy Department for Citizens' Rights and Constitutional Affairs [EB/OL]. [2024 - 08 - 12]. https：//www. europarl. europa. eu/RegData/etudes/STUD/2017/583123/IPOL_STU（2017）583123_EN. pdf.

❸ OECD and European Commission. Boosting Social Enterprise Development：Good Practice Compendium [EB/OL]. （2017 - 04 - 21）[2024 - 08 - 12]. https：//www. oecd - ilibrary. org/industry - and - services/boosting - social - enterprise - development_9789264268500-en.

❹ 李健. 政策设计与社会企业发展——基于 30 个国家案例的定性比较分析 [J]. 理论探索，2018（2）：32-38.

的不足及完善路径。我国若干学者还分析了我国社会企业的现有法律形态及存在的问题，指出福利企业是我国典型的社会企业，农民专业合作社、民办非企业单位等可以划归为社会企业，并认为我国没有必要在企业或非营利组织之外再创设出新的组织形式，但需要在法律上给作为社会企业的组织一个统一的法律身份；❶ 也有学者就社会企业在我国法律体系中的安排进行了初步构思。❷ 更有国内学者开始关注更为细节的社会企业立法问题，例如社会企业融资可能给我国现行法律带来的挑战，❸ 另有学者对公司型社会企业的监管逻辑提出了一些建议。❹

（三）关于社会企业融资、内部治理及绩效评估的研究

此类研究主要关注社会企业的融资、治理结构及绩效评估等问题。关于社会企业的融资，学者们提出公益创投、建立社会企业证券交易所、发行社会债券等多种融资途径，并

---

❶ 董蕾红. 社会企业法律制度研究 [M]. 北京：知识产权出版社，2020.

❷ 马更新. 社会企业的法律界定与规制 [J]. 北京联合大学学报（人文社会科学版），2021，19（3）：78-87.

❸ 蒋大兴，薛前强. 证券市场的结构性裂变——从商事证券到慈善证券的法律革命 [J]. 证券法苑，2017，21（3）：49-91.

❹ 姚瑶. 公司型社会企业的中国化：法律定位与监管逻辑 [J]. 河北法学，2019，37（7）：78-88.

对这些融资途径的利弊进行了分析。❶ 在治理结构上，有学者认为社会企业更适合借鉴传统企业的委托代理治理模式，❷ 但更多学者认为民主治理模式更适合于社会企业。❸ 社会企业的绩效评估是一个难题，但亦有不少学者试图对此问题的解决作出努力，例如玛丽卡·阿瑞娜（Marika Arena）等基于投入、产出、成果三个因素及效率、有效性及影响力三个维度构建了测量社会企业绩效的模型。❹

二、文献评述

总体而言，国内外现有研究成果较多着墨于社会企业的概念、特征、功能等基础理论，亦有部分学者关注社会企业的融资、治理、绩效评估等内部运作问题。在社会企业的立法研究方面，国内外的研究还主要停留在国别立法模式、法律政策设计要点及路径比较等宏观层面，虽有个别学者开始着手对社会企业某一方面的运作可能对现行立法带来的挑战

---

❶ Sarah Dadush. Regulating Social Finance：Can Social Stock Exchanges Meet The Challenge？［J］. University of Pennsylvania Journal of International Law，2015，37：139-230；V. Chiodo，M. Calderini，M. Arena，et al. Social Impact Bond：new finance or new procurement？［J］. Acrn Journal of Finace and Risk Perspectives，2015，4（4）：168-189；蒋大兴，薛前强. 证券市场的结构性裂变——从商事证券到慈善证券的法律革命［J］. 证券法苑，2017，21（3）：49-91；刘志阳，邱舒敏. 公益创业投资的发展与运行：欧洲实践及中国启示［J］. 经济社会体制比较，2014（2）：206-220.

❷ Chris Low. A framework for the governance of social enterprise［J］. International Journal of Social Economics，2006，33（5/6）：376-385.

❸ E. Iecovich. The profile of board membership in Israeli voluntary organisations［J］. Voluntas，2005，16（2）：161-180.

❹ Marika Arena，Giovanni Azzone，Irene Bengo. Performance Measurement for Social Enterprises［J］. Voluntas，2015，26：649-672.

进行研究，但对社会企业与我国现行相关立法的相容性，以及我国相关立法应如何作出调整以促进社会企业的发展，目前尚缺乏系统和深入的研究。本书旨在弥补这一短板。

第三节　本书的创新点及结构

一、本书的创新点

本书的创新之处主要体现为以下几个方面：（1）首次从共同富裕的视域提出社会企业的操作性定义，从市场化、社会性、共享性三个维度对社会企业予以界定，认为从市场化、社会性、共享性三个维度定义中国社会企业，将更有利于中国社会企业助力共同富裕目标的实现。（2）从组织生态学的视角解释了中国社会企业的兴起并进一步提出发展策略：相对于传统非营利组织及传统企业而言，社会企业是应对环境变化而发生的变异，是环境选择的结果，中国社会企业的发展需要得到政府的支持，在中央层面赋予社会企业合法身份、拓宽社会企业的生态位、推动社会企业发展产生正反馈效应是政府支持社会企业发展的三个主要着眼点。（3）详细分析了社会企业与我国现行相关组织立法的相容性，提出赋予社会企业一个法定资格而非专门立法更易于与我国现行法律框架衔接，并进一步对公司型、合作经济组织型以及非营利组织型社会企业立法的建构提出建议，认为中国前述三种类型社会企业的立法建构应分别以《公司法》《农民专业合作社法》以及现行非营利组织相关立法的完善为核心。

二、本书结构

本书共分为五章，第一章为导言，主要介绍研究问题及研究意义、简要的文献综述，以及创新点；第二章主要是对国内外已有的社会企业定义（含民间和官方的定义）进行研究综述，并在此基础上从社会性、市场化和共享性三个维度探讨共同富裕视域下中国社会企业的操作性定义；第三章主要是基于组织生态学视角探讨中国社会企业的兴起、现状与发展策略，包括对社会企业在中国兴起的原因进行组织生态学的解释，围绕中国社会企业生态系统的构建描绘中国社会企业的现状，并基于组织生态学的视角对中国社会企业的发展策略提出建议；第四章则提出中国社会企业的立法建构设想：首先是在借鉴他国经验的基础上结合我国的实际情况提出中国社会企业身份认定的立法模式选择建议，其次就社会企业与我国现行相关组织立法的相容性予以分析，最后分别对《公司法》《农民专业合作社法》以及现行非营利组织相关立法的完善提出建议，以此为核心建构中国社会企业立法；第五章余论，主要对未来可能的进一步研究予以展望。

第二章

共同富裕视域下中国社会企业定义探析

——基于三个维度的界定

到 21 世纪中叶基本实现全体人民共同富裕，是党的十九大确立的第二个百年奋斗目标的重要内容。2021 年 8 月 17 日，习近平总书记在中央财经委员会第十次会议上进一步强调，必须把促进全体人民共同富裕作为为人民谋幸福的着力点，并指出我国当前已经到了扎实推动共同富裕的历史阶段。党的二十大报告指出，共同富裕是中国特色社会主义的本质要求。社会企业作为一种同时兼顾社会回报和财务回报的组织形态，是助力物质财富和精神财富均达到富裕状态之极其有效的载体，是初次分配与第三次分配紧密结合的社会创新形式。在我国已进入致力于实现共同富裕的伟大目标的当下，推动社会企业的发展势在必行。

"社会企业"这一概念于 2002 年被北京大学刘继同教授在《中国社会工作（辑刊）》中首次引入中国。然而，时至今日，对于什么是社会企业，各国理论界和实践界均仍未达成一致意见。2017 年 3 月，中国社会企业与社会投资论坛发起的"中国社会企业奖"入围名单公布，摩拜单车入围引发社会广泛关注和热议。很多业内人士质疑摩拜单车能否被称为"社会企业"，更质疑如果摩拜单车入围甚至获奖，那么，其他共享单车是否就天然具有"社会企业"的属性。南都公益基金会理事长徐永光认为，摩拜单车是社会企业，因为它的出现，解决了社会的某个痛点。如解决了从公共交通站点到家门口的"最后一公里"难题，此外，摩拜单车还有效降低了碳排放。争议方认为，摩拜单车的大规模投放造成了社会资源的浪费，乱停乱放的现象增加了社会的管理成本，而多轮融资的摩拜单车其首要目标也并非实现公共利益，并认为它的入围还有可能使民众对当下并不普及的"社会企业"认知产生迷惑。很多企业家将社会企业理解为有社会责任的企业，阿里巴巴、万达等巨头的掌舵人都曾在公开讲话中表示，自己的企业也是社会企业。[❶] 由此可见，对于什么是社会企业，中国与其他国家和地区一样，还未形成共识，甚至分歧颇大。比较一致的看法是：社会企业是希望在实现社会目标的同时又能够在市场中取得财务成功的组织，也就是说，社会企业是有社会目标和财务目标之双重目标的组织。然而，共识也仅止于此。对于社会企业所追求的社会目标应该是什么？要在多大程度上追求这个社会目标才能成为社会企业？一个社会企业要在多大程度上依赖于市场收入以维持其生存才算是在市场中取得财务成功？在社会目标和财务目标之间有没有哪个是应当相对优先考虑的？[❷] 对诸如此类问题的回答导致了对社会企业的不同界定。目前已就社会企业进行立法的国家，基于自身的国情均对社会企业予以不同的界定。中国要推动社会企业的发展，亦不可避免地要对社会企业的定义给出中国的答案。

---

❶ 贺培育，魏朝阳. 社会企业发展理论与实践报告 [M]. 长春：吉林大学出版社，2021：29.

❷ Dennis R. Young, Jesse D. Lecy. Defining the Universe of Social Enterprise: Competing Metaphors [J]. Voluntas, 2014, 25: 1307-1332.

第一节　社会企业定义研究综述

一、社会企业的民间定义

曾有学者梳理了国外公开发表的论文中关于社会企业的定义，多达近 20 个。[1] 国内外学界和实务界关于社会企业的界定方式不一，有内涵定义，也有外延定义。

（一）内涵定义

定义的种类包括内涵定义和外延定义。内涵定义是指揭示一个概念的内涵的定义，而一个概念的内涵，则是该概念所代表、指称的对象的特有属性或本质属性或区别性特征，通过这些属性或特征，能够把这类或这个对象与其他的对象区别开来。内涵定义主要包括属加种差定义和操作定义，属加种差定义是找出被定义概念的属概念，然后找出相应的种差，并以"被定义项＝种差＋属"的形式给出定义，这是下定义最常用的方法；操作定义是通过对一整套相关的操作程序的描述来对被定义项下定义。[2]

---

[1] Marcelo Okano, et al. Measuring the Benefits of ICTs in Social Enterprises: An Exploratory Study [J]. Brazilian Business Review, 2021 (18): 317-333.

[2] 陈波. 逻辑学导论 [M]. 北京：中国人民大学出版社, 2003：277-284.

笔者总结了社会企业的主要几种属加种差定义，如表2-1所示，这些定义要么被广为引用，要么有着相对独特的表达。

表2-1　社会企业属加种差代表性定义

序号	定义	作者
1	社会企业是任何运用私人部门的运作逻辑来实现社会目的——缓解/减少社会问题或者市场失灵，并以私营企业的财务原则、创新和决策经营的同时创造社会价值的非营利组织	Alter（2007）❶
2	社会企业是提供与其造福社区的明确目标直接相关的商品或服务的非营利私人组织，它们一般依靠集体的力量，由各类利益相关者参与其管理机构，它们高度重视其自主性，并承担与其活动相关的经济风险	Defourny, Nyssens（2008）❷
3	社会企业是一个非营利组织，其可持续、可扩展的收入来源来自与其社会使命相关的活动	Brozek（2009）❸

---

❶　Kim Alter. Social Enterprise Typology［EB/OL］.［2024-08-12］. http：// www. 4lenses. org/setypology/print.

❷　J. Defourny, M. Nyssens. Conceptions of Social Enterprises in Europe and the United States：Convergences and Divergences［EB/OL］.［2024-04-12］. https：//www. google. com/url? sa = t&rct = j&q = &esrc = s&source = web&cd = &cad = rja&uact = 8&ved = 2ahUKEwj4l8mxnPz2AhXjl1YBHUBfDAwQFnoECAQQAQ&url = https%3A%2F%2Fiae. univ-nantes. fr%2Fmedias% 2Ffichier% 2Fcommunication_j_1224259083400. pdf% 3FID_FICHE% 3D296308% 26INLINE% 3DFALSE&usg = AOvVaw3bBa0jmi−OGcqujNtvxYqP.

❸　Kathy O. Brozek. Exploring the continuum of social and financial returns［M/OL］. San Francisco：Federal Reserve Bank of San Francisco, 2009［2024-08-12］. https：//community−wealth. org/sites/clone. community−wealth. org/files/downloads/article−brozek. pdf.

续表

序号	定义	作者
4	社会企业是非营利组织（NPOs）面对经费紧缺及为提高自身运行绩效，以企业的行为来解决社会问题，实现 NPOs 社会使命的组织形式	杨家宁（2009）❶
5	社会企业是指寻求通过销售产品和/或服务实现特定社会目标或一系列目标的企业，这样做的目的是实现独立于政府和其他捐助者的财务可持续性	Di Domenico, et al.（2010）❷
6	社会企业可以定义为一种介于公益与营利之间的企业形态，是社会公益与市场经济有机结合的产物	王名、朱晓红（2010）❸
7	社会企业是一个具有社会使命、作为商业和创新企业运作，在财务上自给自足以便创造、传播和分配社会或环境价值的组织	Granados, et al.（2011）❶
8	社会企业是介于传统的以营利为目的的企业和民间非营利组织之间的，以社会责任感而非利润驱动的，为实现既定的社会、环境目标和可持续发展而进行商业交易的组织	潘小娟（2011）❺

❶ 杨家宁. 社会企业研究述评——基于概念的分类［J］. 广东行政学院学报，2009，21（3）：78-81.

❷ M. Di Domenico, H. Haugh, P. Tracey. Social bricolage：Theorizing social value creation in social enterprises［J］. Entrepreneurship：Theory & Practice，2010（4）：681-703.

❸ 王名，朱晓红. 社会企业论纲［J］. 中国非营利评论，2010，6（2）：1-31.

❶ Granados, Maria L., et al. Social Enterprise And Social Entrepreneurship Research And Theory：A Bibliometric Analysis From 1991 To 2010［J］. Social Enterprise Journal，2011，7（3）：198-218.

❺ 潘小娟. 社会企业初探［J］. 中国行政管理，2011（7）：20-23.

续表

序号	定义	作者
9	社会企业知识网络（Social Enterprise Knowledge Network，SEKN）认为社会企业是通过市场活动产生社会变革的组织	Comini, et al. (2012)❶
10	社会企业是利用多个利益相关方，通过商业公司实现社会使命的组织	Smith, et al. (2013)❷
11	社会企业是由熊彼特式社会企业家创造出来的概念，是这些企业家运用市场和非市场的方法，通过新的思路及破坏性创新去取得一些物质与社会相结合的目标的企业	Young, et al. (2014)❸
12	社会企业通常被视为解决持续存在的社会问题的新的创新解决方案的来源，并促进员工和客户的包容性	Konsti-Laakso, et al. (2016)❹
13	社会企业是以解决社会问题为首要目标且有制度确保社会目标不漂移，其管理团队具有明显的社会企业家精神，能通过可持续发展的方式解决社会问题的法人组织，同时其社会价值和经济价值是清晰的、可测量的	中国社会企业认定平台（CSECC）❺

❶ G. Comini, E. Barki, L. T. D. Aguiar. A three-pronged approach to social business: A Brazilian multi-case analysis [J]. Revista de Administração, São Paulo, 2012, 47 (3): 385-397.

❷ Wendy K. Smith, Michael Gonin, Marya L. Besharov. Managing Social-Business Tensions: A Review And Research Agenda For Social Enterprise [J]. Business Ethics Quarterly, 2013 (3): 407-442.

❸ Dennis R. Young, Jesse D. Lecy. Defining the Universe of Social Enterprise: Competing Metaphors [J]. Voluntas, 2014, 25: 1307-1332.

❹ Konsti-Laakso, Suvi, et al. Participatory Design of a Social Enterprise for Rehabilitees [J]. Work: Journal of Prevention, Assessment & Rehabilitation, 2016, 55 (1): 145-153.

❺ 中国社会企业认定平台. 社会企业行业评价操作指南 [EB/OL]. [2024-08-12]. https://csecc.csedaily.com/identification.

除了上述属加种差定式内涵定义外，关于社会企业还有一些操作定义，其中比较有代表性的有以下三个：

（1）专注于社会企业的国际研究网络 EMES 的观点。EMES 认为，社会企业虽然可能有不同的组织形式，但它们有些共同的特性。EMES 从经济、社会和参与性治理维度提出了欧盟范围内最有影响力的"理想类型"的社会企业的九个指标，具体如表 2-2 所示。❶

表 2-2　EMES 关于理想类型社会企业的指标

经济维度	社会维度	参与性治理维度
1. 持续的产品生产或服务提供； 2. 显著的经济风险水平； 3. 雇用最小数量的员工	1. 致力于社区利益的具体目标； 2. 一群公民或公民团体发起的一个计划； 3. 有限的利润分配	1. 高度的自主性； 2. 决策不是基于资本所有权原则； 3. 因活动或项目受到影响的各方的参与

（2）由英国社会企业标志公司（Social Enterprise Mark CIC，SEMCIC）提出的操作定义，SEMCIC 制定了申请认证为社会企业的六大标准：①申请者应具有社会/环境目标，该等目标必须明确地表达在申请者的法律目标中，可以是与申请者交易活动或目标直接相关，也可以在申请者每年利润分配的安排中予以体现，但无论是何种情形，都必须在申请者组织治理文件中予以确定。②申请者必须是一个独立的主体，独立意味着没有政府机构或其他私人主体持有申请者的

---

❶ Jacques Defourny, M. Nyssens. The EMES Approach of Social Enterprise in a Comparative Perspective ［EB/OL］.［2024-04-12］. https：//www. researchgate. net/publication/295367694.

多数股权并因此最终控制申请者的决策。唯一的例外是如果申请者的多数股权持有者/成员/董事会成员是慈善组织或社会企业。③申请者至少有 50% 的收入来自市场交易活动。④申请者每年至少有 51% 的利润被应用于社会/环境目标。⑤申请者解散时的剩余资产应该被用于社会/环境目的，且申请者组织治理文件中必须有相关条款体现这一原则。⑥申请者能提供相关证据证明申请者正在实现社会/环境目标，申请者应作出声明在交易的过程中尽力扩大社会影响并努力减少对环境产生负面影响。❶

（3）小额贷款以及格莱珉银行的开创者、2006 年诺贝尔和平奖的获得者穆罕默德·尤努斯在其与卡尔·韦伯合著的《企业的未来：构建社会企业的创想》中对社会企业的定义。他将社会企业分为两种：第一种是旨在解决社会问题、不亏损也不分红的企业，其所有者是那些将所有利润用来再投资以扩大和改善该企业的投资者；第二种是由穷人所有的营利公司，它们或直接由穷人拥有，或通过那些致力于某个特定社会事业的信托机构由穷人拥有。第一种社会企业具备如下主要特征：①企业的目标是解决贫困问题，或者一个或多个威胁人类和社会的问题（如教育、卫生、技术使用及环境），而非追求最大利润；②公司将实现财务与经济的可持续性；③投资者只能收回其投资，除原始投资外不派发红利；④投资返还后，利润留给公司以实现公司进一步的扩张

---

❶ SEMCIC. Social Enterprise Mark-Eligibility Criteria ［EB/OL］. ［2024-08-12］. https：//www. socialenterprisemark. org. uk/wp-content/uploads/2022/10/SEM-Qualification-criteria-updated-Oct-2022. pdf.

和发展；⑤公司要具有环保意识；⑥员工在优于一般标准的工作环境下得到市场工资；⑦快乐工作。❶

（二）外延定义

外延定义是通过列举一个概念的外延，使人们获得对该概念的某种理解和认识，从而明确该概念的意义和使用范围。外延定义包括穷举定义和例举定义。❷ 关于社会企业的外延定义，比较有代表性的有如下几种观点。

第一种观点是由迪斯提出的"社会企业光谱"概念，他利用光谱的比喻，认为从纯粹的营利到奉献于纯粹的社会使命之间的营利和社会目的的各种结合，都被视为社会企业。❸ 奥尔特则在此基础上绘制了一幅更为详细的反映从传统的非营利组织到传统的营利组织之间的不同组织形态图，而社会企业及社会责任企业是追求两个目标可持续性的均衡点（见图 2-1）。❹

第二种观点由德富尔尼和尼森斯提出，他们根据组织利益追求类型、资源混合结构，提出四种社会企业模式：创业型非营利模式（the entrepreneurial non-profit model），该模式

❶ 穆罕默德·尤努斯，卡尔·韦伯. 企业的未来：构建社会企业的创想 [M]. 杨励轩，译. 北京：中信出版社，2011：3-5.

❷ 陈波. 逻辑学导论 [M]. 北京：中国人民大学出版社，2003：277-284.

❸ J. G. Dees, B. B. Anderson. Framing a theory of social entrepreneurship：building on two schools of practice and thought [R/OL]. ARNOVA Occasional Paper Series, 2006（3）[2024-08-12]. https：//centers. fuqua. duke. edu/case/wp-content/uploads/sites/7/2015/02/BookChapter_Dees_FramingTheoryofSE_2006. pdf.

❹ Kim Alter. Social Enterprise Typology [EB/OL]. [2024-08-12]. http：//www. 4lenses. org/setypology/print.

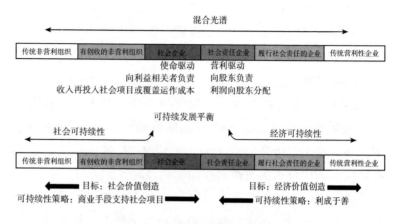

图 2-1 奥尔特的社会企业光谱

主要体现为发展任何可以创收的业务以支持其使命的非营利组织；社会合作社模式（the social cooperative model），这种模式经常是共同利益组织如合作社或半协会向更重视整体利益的行为转变的结果；社会商业模式（the social business model），该等模式下的社会企业是为了社会目的或使命而开展商业活动的公司；公共部门型模式（the public-sector social enterprise model），这种模式下的社会企业往往是政府为了降低提供公共服务的成本或提高提供公共服务的效率而出现的承接相关公共服务的私人组织，这些组织甚至在某些情况下是由公共部门直接设立，或至少是在其控制和监管下的。❶

第三种观点是由杨格和莱西提出的。他们以动物园为隐喻，区分了六种社会企业：营利性企业（for-profit business

---

❶ J. Defourny, M. Nyssens. Fundamentals for an international typology of social enterprise models [J]. Voluntas, 2017, 28（6）：2469-2497.

corporation），该等企业参与公司社会责任、环境可持续性或公司慈善事业的项目，其总体目的是为其私人所有者实现长期利润最大化；社会商业（social businesse），该等组织寻求在追求利润与实现社会使命之间取得平衡；社会合作社（social cooperative），该等组织除了为其成员提供福利，还在其使命中明确包括一般公共福利的某些方面；商业化非营利组织（commercial nonprofit organization），这些组织是专门为解决一些明确的社会使命而组织起来的，但商业目标对这些组织的成功至关重要；公私伙伴关系（public-private partnership），由营利、非营利和政府实体之间的合同安排组成，旨在解决某些特定的公共目的，如社区发展或特定群体的需求，一些合作伙伴本身可能有资格成为社会企业；混合体（hybrids），这种新的形式通过明确地将组织组件与商业目标和社会目标相结合，将其他形式的社会企业的特征内在化，如非营利组织拥有的营利性企业和控制非营利子公司的营利性公司。❶

第四种观点是由伊内斯·阿莱格里（Inés Alegre）提出的。他认为主要有三种类型的社会企业：社会投入型、社会过程型和社会产出型。社会投入型社会企业的社会价值体现在整个生产链条的购买环节，它们关注原材料的使用或者对待供应商的方式，公平贸易组织就是最常见的社会投入型社会企业。社会过程型社会企业的社会价值体现在整个生产链条的过程环节，这些公司将投入转化为产出的方式使这些公

---

❶ Dennis R. Young, Jesse D. Lecy. Defining the Universe of Social Enterprise：Competing Metaphors ［J］. Voluntas, 2014, 25: 1307-1332.

司具有社会性，社会价值要么体现在雇佣政策中，要么体现在产品或服务的设计或生产中，工作整合型社会企业就是典型的社会过程型社会企业。社会产出型社会企业的社会价值体现在它们生产和销售的产品或服务中，小额贷款公司或者培训/教育组织就属于这类社会企业。❶

（三）对社会企业民间定义的评述

整体而言，在前述属加种差式内涵定义中，"组织"是社会企业的属概念，而"种差"则主要由两个要素予以体现：一是解决社会问题或拥有社会使命/目标，二是市场/商业/企业战略或手段，而少数属加种差式内涵定义中的"种差"还包括"创新"。整体而言，民间关于社会企业的属加种差式内涵定义较为统一，该种定义也比较简洁地展示了社会企业区别于其他组织的本质特征，但该种定义对于如何认定一个社会企业则力所不逮，而操作定义则可以弥补属加种差式内涵定义在这方面的不足。

在上述三个操作性定义中，EMES 为社会企业构建了一个比较全面的定义维度，但在具体的量化指标上则显得缺乏，例如"有限的利润分配""显著的经济风险水平"均未能提供量化标准；尤努斯的定义相对来说是一个比较理想化的定义，但缺点在于某些特征比较难以量化，比如"快乐工作""员工在优于一般标准的工作环境下得到市场工资"，尤其是前者，显得太过主观而无法作为社会企业的标准化操作

---

❶ Inés Alegre. Social and economic tension in social enterprises: Does it exist? [J]. Social Business, 2015 (5): 17-32.

定义。与前述两个定义相比，英国社会企业标志公司提出的社会企业认证的六大标准，更具有可操作性，同时由于其对参与性治理维度没有要求，因此也能够吸引更多的组织参与到社会企业的建设中。

在前述的外延定义中，光谱学派的观点虽然能够直观地展示传统营利性企业到传统非营利组织之间存在一些具有混合性特征的组织，而社会企业只是其中的一种，但该定义无法解释清楚社会企业与传统营利性企业、传统非营利组织以及其他一些同样具有混合性特征的组织之间的界限在哪里。此外，非营利组织和企业（以及政府项目）的联合或合作似乎会使情况变得非常复杂，需要多个子频谱，并侵蚀作为理解社会企业概念工具的简单光谱思想。❶德富尔尼和尼森斯提出的四种社会企业模式以及杨格和莱西提出的六种社会企业，总体而言是从相关社会企业的社会目的与商业目标的优先性不同以及这些社会企业的来源划分的，而伊内斯·阿莱格里提出的三种类型社会企业则主要是从社会价值体现在组织生产经营链条的哪个环节来划分的，这些社会企业的类型提炼可以帮助我们了解社会企业可能存在的多种样态，但在某种程度上又使社会企业与其他组织的边界进一步模糊化。

---

❶ Dennis R. Young, Jesse D. Lecy. Defining the Universe of Social Enterprise: Competing Metaphors [J]. Voluntas, 2014, 25: 1307-1332.

二、社会企业的官方定义

（一）国外关于社会企业的官方定义

在国家立法中直接使用"社会企业"这一概念并对其进行界定的国家并不多见，韩国、俄罗斯和芬兰是其中的代表者。

韩国在 2006 年年底就颁布了《社会企业育成法》，该法第 2 条将社会企业定义为："为弱势群体（根据《社会企业育成法施行令》，弱势群体定义为'住户月平均收入低于全国住户平均水平 60% 的人'）提供社会服务或就业岗位，以为地区社会作出贡献并提升当地居民的生活质量与生命质量为目的，从事商品及服务的生产销售等营业活动，取得该法律第 7 条认证的企业。"要通过社会企业认证，至少需要满足该法第 8 条规定的下列条件：（1）具备相应组织形态；（2）雇佣劳动者并进行经营活动；（3）以实现社会目标为宗旨；（4）利益相关者参与企业管理；（5）经营所得收入（在申请认证日所在月份前 6 个月的总收入应该是该组织在此期间总劳务支出的 30% 以上）；（6）具备社会企业章程；（7）以服务社会为营利目标，进行再投资（组织形态属于公司形式时应将可分配利润的 2/3 以上进行再投资）等。❶

2019 年 7 月，俄罗斯联邦政府颁布最新修订版的第 245-Φ3 号《中小企业促进法》，首次将"社会企业"概念、

---

❶ 金仁仙. 社会经济制度化发展——以韩国《社会企业育成法》为视角 [J]. 科学学与科学技术管理，2016（1）：38-45.

特点以及相关优惠支持政策等以联邦法律的形式予以确定。普通中小企业是否为社会企业，可从员工（employee）、产品（production）、顾客（customer）和经营范围（sphere of business）四个维度进行研判（"EPCS"法则），若满足以下四条规定之一即可：（1）企业职员中至少有一半的人员来自社会弱势保护群体，包括但不仅限于：残障人士、未成年多子女家庭的父母或单亲父/母、孤儿、法定退休人员或依据相关规定提前退休的人员等，且上述人员的工资总额应至少占企业全体工作人员工资总额的1/4；（2）企业应向市场销售由社会弱势保护群体所生产/提供的产品、工作或劳务，且上年度内该部分的产品、工作或劳务的销售总额和利润分别不应低于同期总销售额和总利润的50%；（3）企业所生产的产品或所提供的服务应面向社会弱势保护群体，且该部分的产品或劳务的销售收入不得低于企业销售总收入的50%；（4）企业经营范围属于国家法律规定的"社会性"活动范畴，包括但不仅限于：继续教育、住房维护及修理、儿童/残障人士/退休人员的疗养、志愿者培训等。❶

2003年芬兰通过《社会企业法》，创立了社会企业这一形式。根据该法的界定，社会企业是通过市场手段为残疾人和长期失业者提供工作机会的企业，芬兰要求的标准是残疾员工占企业全体员工的30%以上，或残疾员工及长期失业者

---

❶ 王浩杰. 俄罗斯社会企业立法实践及经验启示 [J]. 国有资产管理，2021（6）：69-71.

占企业全体员工的 30% 以上。❶

由上可见，韩国、芬兰采用的是内涵定义，而俄罗斯采用的是外延定义，韩国和俄罗斯对社会企业的界定要宽于芬兰。

大多数国家的立法中并无"社会企业"这一概念，但存在实质属于社会企业的一些组织形式，例如英国的社区利益公司、加拿大的社会贡献公司、比利时的社会目的公司、意大利的社会合作社、葡萄牙的社会团结合作社、法国的集体利益合作社、希腊的有限责任社会合作社以及美国的共益公司、低利润有限责任公司（L3C）、弹性目标公司、社会目的公司等。由于每个国家的国情不同，各国对这些实质属于社会企业的组织的界定也不太一致。

欧盟成员国最广泛使用的社会企业定义主要有两种：一种是组织定义，侧重社会企业表现出的内在特征；另一种是特定部门的定义，只考虑在社会包容领域运作的特定类型的组织，主要是帮助被排除在劳动力市场之外的人融入社会（工作整合型社会企业）。❷ 比如在西班牙，如果一个公司希望被归类和注册为工作融合社会企业（WISE），从而获得相应的公共、劳动、财政和金融方面的优惠，它必须满足以下标准：（1）必须以商业实体或合作社的法律形式组建；

---

❶ Pekka PÄTTINIEMI. Work Integration Social Enterprise in Filand［EB/OL］.［2024-08-12］. https：//emes. net/content/uploads/publications/PERSE_WP_04-07_FIN. pdf.

❷ EURICSE. Social enterprises and their ecosystems in Europe-comparative synthesis report（2020）［EB/OL］.（2020-01-01）［2023-05-18］. https：//euricse. eu/en/social-enterprises-and-their-ecosystems-in-europemapping-study/.

（2）必须开展市场经济活动，同时其企业宗旨必须是劳动力安置；（3）至少80%的净收益必须再投资于生产活动或社会整合进程；（4）从经营的第四年起，至少50%的员工必须是社会整合计划的受益者；（5）该公司必须是过渡性雇主：其受益人必须签订最长为三年的合同；（6）公司必须为受益人提供工作合同期内的个性化安排。❶ 合作社是欧盟国家比较常见的社会企业组织形式，但不同的欧盟国家会有不同的合作社，且界定也不完全一致。比如法国于2002年7月颁布第624号法律，创立了"集体利益合作社"（collective interest cooperative society）这种新的法律组织形式。根据该法律的界定：集体利益合作社是生产或销售具有社会效用特征的产品及服务的组织，如满足社会的新兴需求、促进社会融合发展等。法国的集体利益合作社在利润和资产分配方面都受到限制。集体利益合作社首先要将年度盈余的57.5%上缴到政府主管的法定储备金，然后才能进行分配。而且，为了防止集体利益合作社成员通过提高薪酬等方式进行变相的利润分配，法律规定其成员薪酬不得超过法国经济部公布的私营企业的平均报酬率。在解散时，集体利益合作社在补偿成员的资本贡献之后，即成员收回自己的投资后，剩余资产同样不得用于分配。又如波兰于2006年4月通过《社会合作社法》，设立了"社会合作社"这一社会企业形式。根据《社会合作社法》的界定，社会合作社是由失

---

❶ Francisco Pizarro Escribano, Francisco Javier Miranda González. Creation of Work Integration Social Enterprises（WISEs）by Social Action Organizations: Proposal of a Model for Decision-Making [J]. Voluntas, 2023, 34: 222-238.

业者等弱势群体所建立的致力于社会以及社员的重新融合的合作社。这些弱势群体包括流浪者、酗酒吸毒者、精神病患者、刑满释放者以及难民。社会合作社不能向会员分配盈余，其盈余只能用于社会合作社的业务活动，社会合作社解散时，清偿完债务之后的剩余财产只能由社员分配其中的20%，其余的剩余资产由政府收回，进入专门设立的"工作基金"用以支持和培育新的社会合作社。而葡萄牙社会企业的表现形式则是社会团结合作社，1997年12月，葡萄牙通过了《社会团结合作社特别法》（Special Legislation on Social Solidarity Cooperative），创立了"社会团结合作社"这一社会企业形式。社会团结合作社是为满足社会的需要，通过社员的合作和互助，推动和整合弱势人群的一种合作社组织，它们遵循合作原则，不以营利为目的。社会团结合作社的主要活动领域包括支持弱势群体、残疾人、老年人、儿童和贫困家庭，尤其是为弱势人群提供教育和职业培训。社会团结合作社禁止社员进行盈余分配，在解散时必须将清算完的剩余资产交给其他的社会团结合作社。❶

　　英国是推行社会企业较为成功的国家之一。英国于2005年颁布《社区利益公司条例》，开始推行社区利益公司（Community Interest Companies，CIC）。社区利益公司的基本法律组织形式是有限公司，包括不设置股份的担保有限公司和设置股份的有限公司，设置股份的有限公司又分为设置股份的私人有限公司以及设置股份的公众有限公司。不设置股份的担保有限公

---

　　❶ 董蕾红. 社会企业法律制度研究［M］. 北京：知识产权出版社，2020：64-81.

司是传统的公司形式，在这种公司形式中，成员保证在公司破产的情况下，在特定限额内偿还公司的债务。除了他们的担保，他们对公司的债务没有进一步的责任。不设置股份的担保有限公司的动机不是为了向成员分配利润，但采用普通的非 CIC 担保有限公司形式本身并不能保证在不以营利为目的的基础上经营。如果想确保公司不以营利为目的，无论是从不以营利为目的的意义上，还是从其利润不会分配给其员工或成员的意义上，都需要在公司章程中作出适当的规定。而注册为 CIC 担保有限公司则可以达到这个目的：因为存在资产锁定规则。设置股份的有限公司是普通公司最常见的资本结构形式。公司规定资本分为若干股份，一旦股东向公司支付了其股票的全部面值，该股东对公司的债务不再承担任何责任。如股份只获部分缴付，则公司或清盘人可要求成员缴付余款。鉴于 CIC 的设立是为了社区利益而使用其资产、收入和利润，所以 CIC 受到资产锁定规定的约束，以确保资产保留在公司内部以支持其活动或以其他方式用于造福社区，包括：（1）CIC 不得以低于市场价值的价格转让资产，除非该等转让属于允许转让的限定范围，例如转让给另一个资产锁定机构或慈善机构。（2）如果以不设置股份的担保有限公司形式出现的 CIC，则不能分配利润，因为没有股东；章程中采用《社区利益公司条例》附表二所列条款的以设置股份的有限公司形式成立的 CIC，只能向章程中指定为公司资产的可能接收方的资产锁定主体或经监管机构同意的其他资产锁定主体支付股息，在这些情况下，股息金额不受股息上限的限制，但受适用于普通公司的相同限制，例如，可分配利润的规则；采用《社区利益公司条例》附表三所列条款的以设置股份的有限公司形式成立的 CIC，可向不属于章程中指定资产锁定主体（即不属于资产锁定主体，或虽然属于资产锁定主体但不是章程中指定的可能接收方的资产锁定主体且监管机构未能批准）的股东支付股息，包括向私人投资者支付股息，但受股息上限的限制，任何已付股息均须遵守2006 年公司法、公司的组织章程细则及《社区利益公司条例》。自 2014 年 10 月 1 日起，股息上限只有最高股息总额上限这一单一标准（在此之前上限有三个要素：每股股息上限，它将股息支付与股票的缴足价值挂钩；最高总股息上限；结转未使用股息的能力最长可达 5 年），最高股息总额上限仍为 35%。自 2005 年 7 月引入 CIC 以来，该比率一直设定为 35%。这确保了 CIC 利润的 65% 重新投资于公司或用于它所服务的社区。（3）在 CIC 解散时，一旦所有负债得到满足，任何剩余资产都必须转移到另一个资产锁定机构。除原本投资的资本（包括名义股本及溢价）及任何未付股息的回报外，拥有股份并不赋予公司在清盘时分享其资产的权利。❶

总体而言，各国一般会从组织目标、收入来源、利润分配、剩余资产处置、治理结构五个方面对社会企业予以界定，而是否对这五个方面均有要求，以及有何种程度的要求，则成为各国界定社会企业的分水岭。表 2-3 为部分国家对社会企业的界定情况。

---

❶ Community Interest Companies：Guidance［EB/OL］.［2024-08-12］. https：//www. gov. uk/government/publications/community - interest - companies - how - to-form-a-cic.

表 2-3　部分国家对社会企业的界定

界定维度	具体内容	代表国家
组织目标	目标较为狭窄，为弱势群体创造工作机会或提供社会服务	芬兰、波兰、希腊、立陶宛、西班牙、葡萄牙、韩国
	针对不同类型的社会企业，提出不同的社会目标要求	意大利
	以广泛的社会利益为目标	英国、加拿大、美国、比利时、法国、拉脱维亚
收入来源	规定收入中来自商业活动的比例	意大利、芬兰、立陶宛、韩国
	规定社会企业应进行商业活动	英国、美国、希腊、法国
	未进行任何限制性规定	比利时、葡萄牙、西班牙、波兰（要求不能进行经济活动，但实际仍然可以从事商品生产和提供服务）
利润分配	不允许利润分配	拉脱维亚、波兰、葡萄牙
	设置利润分配的比例上限	英国、加拿大、韩国、比利时、意大利、西班牙
	对利润分配不予限制	芬兰、美国、爱尔兰、立陶宛
解散时剩余资产的处置	剩余资产不能归股东/成员所有	英国、意大利、比利时、葡萄牙
	设置股东/成员可以分配剩余资产的比例上限	芬兰、加拿大、韩国、波兰
	剩余资产可以自由处置	西班牙、希腊、美国、立陶宛
治理结构	利益相关者参与企业治理	比利时、韩国、意大利、葡萄牙
	未作强制性要求	英国、美国、加拿大

来源：主要根据李阳、龙治铭《国外公益创投及社会企业研究述评》（《中国物价》2015 年第 1 期）、王世强《社会企业的官方定义及其认定标准》（《社团管理研究》2012 年第 6 期）以及笔者收集的其他文献中反映的相关信息整理。

（二）我国关于社会企业的官方定义

在我国，目前中央一级尚无立法或其他规范性文件使用"社会企业"这一名称。在地方层面，中共北京市委于 2011 年 6 月颁布的《关于加强和创新社会管理全面推进社会建设的意见》是官方最早提及"社会企业"这一名称的规范性文件。2011 年 9 月宁夏回族自治区人大常委会通过的《宁夏回族自治区慈善事业促进条例》中使用了"社会慈善企业"，该条例中的"社会慈善企业"的范围与各国对社会企业的范围之界定较为类似，因此可以说《宁夏回族自治区慈善事业促进条例》是我国最早规范社会企业的立法。笔者梳理了目前我国地方立法、规范性文件或在官方支持下的半官方机构出台的现行有效的规定中对社会企业的定义/认定标准后发现，我国目前的官方和半官方机构出台的现行有效的规定中对社会企业的定义/认定标准还存在较大区别，具体如表 2-4 所示。

表 2-4 我国部分地方政府对社会企业的认定标准

维度	宁夏（依据：宁夏回族自治区人民代表大会常务委员会 2011 年颁布的《宁夏回族自治区慈善事业促进条例》）	顺德（依据：佛山市顺德区社会创新中心 2014 年发布，2016 年修订的《顺德区社会企业培育孵化支援计划》）	北京（依据：北京社会企业发展促进会 2018 年颁布的《北京市社会企业认证办法（试行）》）	成都（依据：成都市人民政府办公厅 2021 年颁布的《成都市社会企业培育发展管理办法》）
组织形式	企业	企业	企业或社会组织	公司制企业、农民专业合作社

维度	宁夏 (依据：宁夏回族自治区人民代表大会常务委员会 2011 年颁布的《宁夏回族自治区慈善事业促进条例》)	顺德 (依据：佛山市顺德区社会创新中心 2014 年发布，2016 年修订的《顺德区社会企业培育孵化支援计划》)	北京 (依据：北京社会企业发展促进会 2018 年颁布的《北京市社会企业认证办法（试行）》)	成都 (依据：成都市人民政府办公厅 2021 年颁布的《成都市社会企业培育发展管理办法》)
社会目标的体现	①不分配利润，并将利润用于慈善事业的企业；②持续开展慈善公益救助活动的企业；③向社会持续捐赠每年所得利润达到一定比例的企业；④集中安置残疾人和特殊贫困人员达到职工总数一定比例的企业；⑤集中供养生活困难的老年人、残疾人的企业	①企业章程载明清晰的社会使命和社会目标，包括但不限于促进特殊群体就业、扶贫、教育、医疗、养老、环境保护等特定社会问题的解决；②企业作为普通商业企业存在，但长期（不少于 2 年）投入资金或捐赠资金支持社会组织或个人去解决特定社会问题，每年投入的款项不少于当年企业净利润的 50%	社会问题和民生需求为导向，以解决社会问题、创新社会治理、提升公共服务水平为首要目标或宗旨，包括但不限于养老服务、公益慈善、社区服务、物业管理、环境保护、文化体育、生态农业、食品安全等	以协助解决社会问题、改善社会治理、服务特定群体或社区利益为宗旨和首要目标

维度	宁夏 （依据：宁夏回族自治区人民代表大会常务委员会 2011 年颁布的《宁夏回族自治区慈善事业促进条例》）	顺德 （依据：佛山市顺德区社会创新中心 2014 年发布，2016 年修订的《顺德区社会企业培育孵化支援计划》）	北京 （依据：北京社会企业发展促进会 2018 年颁布的《北京市社会企业认证办法（试行）》）	成都 （依据：成都市人民政府办公厅 2021 年颁布的《成都市社会企业培育发展管理办法》）
收入来源	无要求	企业有稳定的经营收入来源	有清晰的商业模式、能实现财务可持续性和盈利性的商业计划以及有价值的产品或服务。一星级、二星级和三星级社会企业要求商业收入占收入来源的比例分别为 30%、50% 和 50%	以创新商业模式、市场化运作为主要手段
利润分配	其中两种社会企业有要求，其他无要求	对于作为普通商业企业存在的，要求每年投入支持社会组织或个人去解决特定社会问题的款项不少于当年企业净利润的 50%。AA 级的社会企业则要求每年用于股东分红的利润不超过 50%，AAA 级的社会企业则要求每年用于股东分红的利润不超过三分之一	无要求	所得部分盈利须按照其社会目标再投入自身业务、所在社区或公益事业

续表

维度	宁夏 （依据：宁夏回族自治区人民代表大会常务委员会2011年颁布的《宁夏回族自治区慈善事业促进条例》）	顺德 （依据：佛山市顺德区社会创新中心2014年发布，2016年修订的《顺德区社会企业培育孵化支援计划》）	北京 （依据：北京社会企业发展促进会2018年颁布的《北京市社会企业认证办法（试行）》）	成都 （依据：成都市人民政府办公厅2021年颁布的《成都市社会企业培育发展管理办法》）
剩余资产锁定	无要求	A级社会无要求，AA级社会企业要求解散时不少于50%的剩余资产捐献给社会企业或公益性社会组织，AAA级社会企业要求捐献的比例达到100%	无要求	无要求
民主管理	无要求	A级和AA级无要求，AAA级则要求要建立完备的员工及服务对象参与决策机制，形成良好的员工激励机制	无要求	无要求
创新性	无要求	无要求	运用市场机制、现代信息技术等创新手段和方法	创新商业模式
社会效果可测量	无要求	无要求	有可测量的证据显示其创造的市场成果及社会价值	无要求

此外，2014年9月，我国台湾地区经济主管部门推出

《社会企业行动方案》，制定了在三年内孵化 100 家新创社会企业，协助 50 家社会企业参加国际论坛，完成 200 件社会企业辅导案例的目标，政府投入 1.6 亿新台币的具体方案。为了加强社会企业这一概念的可操作性，《社会企业行动方案》从广义与狭义两个角度对社会企业下了明确的定义。(1) 广义操作型定义：泛指透过商业模式解决特定社会或环境问题的组织，其所得盈余主要用于本身再投资，以持续解决该社会或者环境问题，而非仅为出资人或所得者谋取最大利益。在组织特性上，社会企业同时追求社会与经济利益，但以创造社会影响力为主要使命。就组织形态而言，可以一般营利事业或者非营利组织之形态存在，其关注类型相当多元，包含弱势关怀、地方发展、生态环保、公平贸易等。(2) 狭义操作型定义：组织章程应明定以社会关怀或解决社会问题为首要之目的；每年会计年度终了，财务报表须经会计师查核验证，并应申报及公告其社会公益报告；组织当年度可分派盈余应至少有 30% 保留用于社会公益目的，不得分配。❶

（三）对社会企业官方定义的评述

由上可知，学术界关于社会企业的定义之分歧在官方的定义中亦得到体现，各国及我国各地已有的官方定义均是基于各国/各地的历史传统及现实需求，确立自身的社会企业定义。整体而言，这些定义基本都属于操作性定义或外延定

---

❶ 郑南，庄家怡. 社会组织发展的新形态——台湾社会企业的发展与启示 [J]. 学术研究，2015（9）：44-49，159.

义，这与官方必须把社会企业与其他组织区分开来以便给予扶持及相应的监管有关。此外，有些官方定义还对社会企业进行分级，对不同级别的社会企业有不同的门槛要求，从而适用不同的扶持和监管要求。

第二节　共同富裕理念应成为定义中国社会企业的基石

马克思在《1857—1858 年经济学手稿》中构想未来共产主义社会，提出了"生产将以所有的人富裕为目的"❶，彰显了马克思主义对共同富裕的价值追求。而"共同富裕"作为一个特定的概念，是在 1953 年 12 月由毛泽东同志主持制定的《中共中央关于发展农业生产合作社的决议》中首次出现，该决议中明确："逐步实行农业的社会主义改造，使农业能够由落后的小规模生产的个体经济变为先进的大规模生产的合作经济，以便逐步克服工业和农业这两个经济部门发展不相适应的矛盾，并使农民能够逐步完全摆脱贫困的状况而取得共同富裕和普遍繁荣的生活。"❷邓小平同志进一步丰富了共同富裕的概念，提出消灭剥削、消除两极分化，最终达到共同富裕才是社会主义的本质。同时强调一部分地区、

---

❶ 马克思恩格斯文集：第 8 卷 [M]．中央编译局，译．北京：人民出版社，2009：200．

❷ 毛泽东．毛泽东文集（第 6 卷）[M]．北京：人民出版社，1999：442．

一部分人可以先富起来，带动和帮助其他地区、其他人，逐步达到共同富裕的发展目标。❶

到 21 世纪中叶基本实现全体人民共同富裕，是中国共产党十九大确立的第二个百年奋斗目标的重要内容。在 2021 年 8 月中央财经委员会第十次会议上，习近平总书记进一步指出我国当前已经到了扎实推动共同富裕的历史阶段。而在我国当前的历史阶段，富裕的内涵不应仅仅是物质的富裕，"共同富裕"应是物质财富和精神财富都达到富裕状态的全面富裕，是一种政治文明、物质文明、精神文明、社会文明和生态文明高度发达的新文明形态。❷ 社会企业作为一种同时兼顾社会回报和财务回报的组织形态，是初次分配与第三次分配紧密结合的社会创新形式，在我国已进入致力于实现共同富裕伟大目标的当下，社会企业是否可以成为助力物质财富和精神财富均达到富裕状态之极其有效的载体，是否可以成为"共同富裕"这一目标实现的催化剂，将成为我国决策层作出是否应着力推动社会企业发展的关键考量因素，这就决定了共同富裕理念应成为定义社会企业的基石。

---

❶ 邓小平. 邓小平文选（第 3 卷）[M]. 北京：人民出版社，1993：149，373.

❷ 李军鹏. 共同富裕：概念辨析、百年探索与现代化目标 [J]. 改革，2021（10）：12-21.

第三节　共同富裕视域下中国社会企业的操作性定义

一、定义中国社会企业的基础——中国社会企业存在必要性分析

笔者认为，对中国社会企业的界定应根植于其存在的必要性，而中国社会企业存在的必要性则体现在两个方面：一是在政府、传统慈善组织以及具有社会责任的企业已经存在的情况下，社会企业仍然具有生存空间的那些特性；二是与政府、传统慈善组织和传统企业相比，社会企业可能有助于实现共同富裕目标的那些特性。

社会企业有哪些传统三大部门没有的特性呢？一方面，西方传统的福利提供寿终正寝，福利国家被认为是无法负担的、官僚的和无效率的，无法满足公众的社会需求；另一方面，传统的慈善经常被认为是以施恩者的态度自居的，同时因为无法解决贫困的根本病因而使贫困得以延续，由于政府补助及私人捐赠的日渐匮乏，第三部门越来越使用私人部门的市场化资金筹集策略以避免资源的依赖性。❶ 具有社会责任感的传统企业虽然能够在一定程度上支持社会问题的解

---

❶ Pascal Dey, Simon Teasdale. Social Enterprise and Dis/identification：The Politics of Identity Work in the English Third Sector ［J］. Administrative theory & praxis, 2013, 35 （2）：248-270.

决，但其毕竟是以股东利益最大化为最终目标的组织，也就是说，其解决社会问题是随机、非制度性和附带性的。社会企业是一种介于非营利组织和传统企业之间的具有混合特性的组织，它可以解决福利国家以及传统慈善组织和传统企业在解决社会问题方面的一些不足。大多数社会企业有较为清晰的所有者，因此不会导致像政府提供服务一样的由于缺少所有者监督而导致的容易腐败和效率不高的问题，较政府资金而言，社会企业的投资者还可以控制资金的投向；社会企业旨在实现持续发展，拥有可以持续循环使用资金的能力，这使得其所有者不必费心索取捐助，而是专注于增加其能够为穷人或社会上其他人带来的福祉，而且比起慈善机构，社会企业能赋予其受益人更多的个人尊严和自治权。❶与传统企业相比，社会企业有着清晰的社会目标和使命，社会目标是优先于股东利益最大化目标的，且这一社会目标不会轻易漂移或被替代。

与政府、传统慈善组织、传统企业相比，社会企业又有哪些可能有助于实现共同富裕目标的特性呢？在实现共同富裕目标过程中，政府作为一个非生产者，更多的是利用税收及转移支付的手段提升富裕的"共同化"程度，也就是主要在第二次分配上发挥作用。政府的这一功能虽然在物质共同富裕上会有一定的成效，但也容易产生福利依赖，由于是强制性的，公众不会因此而产生致力共同富裕的自觉性。正如威廉·冯·洪堡在其《论国家的作用》一书中所言："正如

---

❶ 穆罕默德·尤努斯，卡尔·韦伯. 企业的未来：构建社会企业的创想 [M]. 杨励轩，译. 北京：中信出版社，2011：8.

每个人自己都依赖国家的关怀帮助一样，他也会把他同胞的命运交给国家的关怀帮助去处置，甚至会有过之无不及。但是，这样做会削弱人民的参与，并使人民更加不想相互帮助。"❶ 传统慈善组织作为转移自愿性资源的中介，捐赠者可能抱有希望受赠者共同富裕的意图，但对于受赠者而言，其在这种慈善关系中是被动的，甚至是有失尊严的，而且传统慈善无法解决贫困的根本问题，也无法给受赠者带来主动致富的内驱力，甚至有人戏称"慈善主义是贵族们自我拯救的心理减肥操，是对贫民们物质剥夺之后的精神剥夺"❷，因此，传统慈善不但对物质层面的共同富裕贡献有限，而且在精神的共同富裕方面还可能是有害的。传统企业作为生产者，虽然是保障共同富裕物质基础的主力军，但其为股东逐利的天然属性注定其不可能以共同富裕为目标。社会企业作为一种同时兼顾社会回报和财务回报的组织形态，天然地与共同富裕目标相契合，但社会企业的这一天然优势能否真正发挥作用，就必然要求我们对社会企业做出有助于实现共同富裕目标的操作性定义。

二、共同富裕视域下中国社会企业的操作性定义——一个三维度的分析

在法学中，一个法律概念的主要作用在于明确法律的调整对象，保证法律适用的确定性，故判断一个法律概念质量

---

❶ 威廉·冯·洪堡. 论国家的作用 [M]. 林荣远，冯兴元，译. 北京：中国社会科学出版社，1998：41.

❷ 韩少功. 在后台的后台 [M]. 北京：人民文学出版社，2008：6.

的优劣，除了其他学者倡导的便利性、意义性和说服力外，还应增加"可规则性"标准，❶ 只有符合该标准的法律概念才能更好地承载立法者的价值判断，并对存在界定分歧的事物进行更明确的规范，因此，从法学角度而言，更关注社会企业界定的规范性和可识别性。❷ 本书对社会企业的界定也将遵循这一原则。基于该原则，笔者认为，要使社会企业成为助力实现共同富裕目标的重要推手，对该类组织的界定应从社会性、市场化、共享性三个维度进行分析。

（一）社会性

社会企业的社会性主要体现在两个方面：（1）组织的设立资金来源于民间而非政府或其他公共机构，也就是从设立资金的来源上体现出其社会性，这样才能确保设立社会企业的出资者的自愿性，从基因上确保社会企业是以志愿求公益的组织，同时也能从财力上保障社会企业与公共机构形成互补。除设立资金外的社会企业后续出资来源，可以包括政府或其他公共机构，但政府或其他公共机构不能因其出资而取得社会企业的控制权。（2）组织具有清晰的社会使命和社会目标，也就是社会企业设立的目的和使命就是解决某一个或某些特定的社会问题，包括但不限于保护特殊群体就业或其他权利、扶贫、教育、医疗、养老、环境保护等特定社会问题的解决，且应从组织章程等基本治理文件上确保这一社会

---

❶ 税兵. 非营利法人解释——民事主体理论的视角 [M]. 北京：法律出版社，2010：25-26.

❷ 董蕾红. 社会企业法律制度研究 [M]. 北京：知识产权出版社，2020：47.

使命和目标不轻易被改变，即该组织必须有社会使命稳健性机制。

有学者认为，"需不需要"和"有没有"社会使命稳健性机制来最小化社会使命漂移的风险，是区分社会企业和商业企业的核心标准。一种有效的社会企业判定标准，应该同时满足以下三点：（1）情境普适；（2）真伪鉴别；（3）稳定适用。情境普适是指一个标准所识别出的社会企业，应该在时间和环境发生变化时，始终和商业企业保持清晰的差异。事实上，随着社会发展程度的提高，任何企业都可以在某个时点上为了某种目的而去尝试解决某个社会问题。现实的复杂性在于，大部分企业往往只是在一时一地创造社会价值，而在其他情境中并不以创造社会价值为使命，甚至可能破坏社会价值。其结果就是这家企业在某个情境中是社会企业，而在另一些情境中不是社会企业。它既是社会企业，又不是社会企业。这个标准造成的混乱与困惑也就大过了它的判定效果。社会使命稳健性标准要求一家企业具有最小化社会使命漂移（更不要说破坏社会价值）的内在机制，而这种组织机制，例如组织治理结构、决策机制、人员管理机制、价值链管理机制等，适用于组织在不同时间和环境的活动，从而具有情境普适性。真伪鉴别是指存在一个标准能区分"真实""虚假"的社会属性。例如，一种社会属性虚假的情况是，一家企业自称是社会企业，但实际上是通过社会责任活动来掩盖违法违规行为。社会使命稳健性标准要求在创造社会价值的同时不能损害广大利益相关方的权益，从而能更好地区别真实与虚假的社会属性。稳定适用是指一个标准能够有效地避免识别出的社会企业在某种条件下系统地违背这一标准，从而使这一标准不再适用。一个具有较高适用稳定性的判定标准需要包括这样的内容，即它使企业的社会使命优先性不会轻易因为内部和外部环境的变化而遭到减损。因此，社会使命稳健性标准具有内在的适用稳定性。

如何保障社会使命稳健性？上述学者认为，社会使命稳健性描述的是一个组织的决策方式和组织资源的方式对于社会使命的专注程度。评估一个社会企业社会使命稳健性水平的关键标准，是要看这种使命在多大程度上在组织的日常活动中占有重要的地位。社会使命稳健性机制包括"权力分配机制"和"价值创造机制"。权力分配机制是指通过设置组织权力、利益和责任的分配原则来减小社会使命漂移的可能性。价值创造机制是指通过设计和实施创造社会与商业价值的组织过程来降低使命漂移的可能性。权力分配机制相对简单易懂，相比权力分配机制，价值创造机制能够更加准确地体现社会使命在组织活动中的地位。但由于这种机制是嵌入具体日常活动中的，往往只有通过深入了解组织的实际运行情况才能识别和分析，对这种机制的评估和使用因而更加复杂、成本更高。然而，对于真正关切社会企业可持续发展能力的创业者、管理人员、投资者或政策制定者而言，识别和分析价值创造机制是准确评估社会使命稳健性的更好途径。价值创造机制能够从以下几个方面来保障社会使命稳健性：（1）增加组织社会使命漂移的成本；（2）增加组织专注于社会使命所能带来的收益；（3）结合上述两点，组织可能形成社会使命稳健性的良性循环，也就是越专注越容易专注，更不容易漂移。价值创造机制主要有五种，包括：（1）利益相关方影响统合性；（2）社会价值创造的常规性；（3）社会价值与商业价值的协同效应；（4）社会使命导向的决策模式；（5）社会价值创造的系统性。

（1）利益相关方影响统合性是指一个组织创造商业价值和社会价值的活动所造成的外部影响是协调一致的，而不是相互矛盾或相互减损的。一个组织在组织结构、战略、决策过程以及日常经营中，如果缺少恰当的机制将组织创造商业价值的活动与创造社会价值的活动所产生的利益相关方影响协调一致，那么将造成对不同利益相关方的影响相互矛盾和相互减损的局面，损害组织持续发展的能力。对利益相关方影响相互矛盾的例子正如洛克菲勒的企业在历史上出现的大行善举和侵犯劳工权益的情况；相互减损的例子正如一家企业通过压榨供应商的方式来为消费者提供物美价廉的产品。一家自我标榜社会企业的组织，无论在创造社会价值和承担社会责任上表现得多么投入和诚恳，如果它的社会活动和商业活动所产生的影响不一致，就说明它缺乏内部统合机制（例如结构、战略、系统、文化等层面的机制）来保障组织内部的不同组成部分和不同制度体系一致地支撑其所声称的社会使命优先性。

（2）社会价值创造的常规性是指一家组织通过核心商业模式和日常经营活动来创造社会价值。优秀的社会企业常常是那种当你看它的商业模式的核心元素（如客户定位、产品和服务的提供方式、定价策略、对成本和收益的界定方式、对资源提供方的选择）时，能够感觉到社会价值扑面而来的组织。优秀的社会企业也是那种不需要听其大论，而是通过观察员工的日常行为和选择就能清晰感受到其社会使命的组织。这种组织的社会使命优先性很难改变，因为保留和强化这些优先性可以从员工认同、社会声誉、利益相关方支持等各个方面为组织带来竞争优势，而改变这一优先性不仅意味着优势的丧失，也将是一种组织成本极高的变化，并意味着对自我身份认同的颠覆。

（3）社会价值与商业价值的协同效应是指以解决具体社会问题为核心设计商业模式，从而使社会价值和商业价值相互促进。为了保障社会使命稳健性，社会企业的商业模式不应该仅仅是用来为创造社会价值的活动提供资金，而是需要做到对一种价值的创造能够促进对另一种价值的创造。形成协同效应的更可靠方式是基于社会使命来设计和实施商业模式，使商业价值成为社会价值的延伸，而不是反过来考虑如何在现有商业模式的基础上多创造一些社会价值。

（4）社会使命导向的决策模式是指组织以最优化实现社会使命为首要目的来进行决策。这意味着在决策函数等式的右侧是社会使命或预期的社会价值，而等式的左侧是一系列可能影响社会使命的要素，例如原材料成本、人员管理、目标市场定位、技术投入、外部投资等。当组织的内外部环境发生变化（例如原材料成本大幅上升），组织难以通过现有的要素组合方式来持续追求社会使命时，社会使命优先的决策模式要求调整或重新组织这些要素，例如降低成本、激励员工调整市场定位、技术创新等，以保障组织能够在财务可持续的情况下最优化地接近社会使命。与此相反的决策模式是将商业价值放到决策函数等式的右侧，而把社会使命放到左侧作为服务于商业目标的要素之一。在遇到困难情况时，组织会通过牺牲社会使命的方式来实现最大化创造利润。

（5）社会价值创造的系统性是指组织对全价值链进行整

体设计，从而在价值链条的多个环节上最大化地创造社会价值。在全价值链上系统地而非零敲碎打地创造社会价值的企业行为，使得各个部门、层级和地区的组织成员对社会使命形成一致的认识和高度的认同。这一方面能够最大限度地实现企业的社会使命，另一方面显著提高了社会使命漂移的成本。❶

上述学者关于社会使命稳健性机制的分析非常深刻，但如果要从立法角度清晰界定社会企业，上述关于社会使命稳健性机制的要求未免过于理想而不切实际，可操作性较差。因此，笔者认为，仅在组织章程等基本治理文件上确保社会使命和目标不轻易被改变，即可符合存在社会使命稳健性机制这一要求。

（二） 市场化

市场化主要体现在组织应有稳定持续的经营收入来源，且超过50%的收入来源于市场交易活动。这一市场化维度不但确保社会企业自身能成为能自力更生的组织，也确保其可以主要以与传统非营利组织有别的方式即以授人以渔的方式去解决社会问题。社会企业关注的人群与传统非营利组织不太一致，对于比如自然灾害后对食物和医疗有急迫需求的人群，以及那种无法自食其力的人群，传统非营利组织是能够予以有效快速回应的组织，而社会企业则主要是通过向可以自食其力的人群提供必要的启动资金、工作机会、销售渠

---

❶ 毛基业，赵萌，王建英，等. 社会企业家精神（第二辑）：社会使命稳健性的概念与实践 [M]. 北京：中国人民大学出版社，2020：7-22.

道、能力培训等，给相关人群"赋能"，从根本上解决问题，❶ 从而从根本和长远上扫除共同富裕道路上的障碍。同时，通过这种方式，社会企业能较传统非营利组织赋予其受益人更多的个人尊严和自主权，从而实现精神上的共同富裕。

（三）共享性

社会企业的本质是社会所有制，因此其至少在"剩余索取权"上要体现出社会所有制的特性，这就要求组织每年利润中至少50%的部分应用于实现其社会目标，以及在社会企业解散时其剩余资产中超过50%的部分应用于社会目标，且组织章程等基本治理文件中应确保该等要求不容易被改变。这样既能保证超过50%的利润和剩余资产归社会享有，同时与传统非营利组织相比，因为允许有不超过50%的利润和剩余资产分配给出资人，所以可以吸引希望同时获取社会收益和财务收益的投资者，使得具有该目的的投资者可以共享社会企业的利润，从而引导更多投资者走上追寻物质和精神共同富裕之路。另外，共享性还表现在对组织决策权的共享上，比如公司章程等基本治理文件中应明确员工和受益者代表等利益相关方需进入社会企业的董事会/理事会或监事会，参与社会企业的决策或监督，而且在关涉社会企业社会目标转变等可能改变社会企业属性等重大问题上，该等利益相关方代表应有一票否决权，这样不但可以确保社会企业的社会

---

❶ 穆罕默德·尤努斯，卡尔·韦伯. 企业的未来：构建社会企业的创想[M]. 杨励轩，译. 北京：中信出版社，2011：9.

使命不容易漂移，也在一定程度上实现了在"剩余控制权"上的社会所有制特征，从参与决策的角度提升利益相关方在精神层面与创办人及出资方的共同富裕程度。从一定意义上说，社会企业属于弗雷德里克·莱卢眼中的青色—进化型组织，组织不再被看作股东的资产，而是一个能量场或一种自主的生命形式，包括投资者/捐赠者、员工、志愿者、供应商等所有利益相关者都只是组织的管家，只是帮助组织去完成它的宗旨。而当所有权让位于保管权的时候，非营利组织和营利组织的界限就变得完全模糊了。❶

❶ 弗雷德里克·莱卢. 重塑组织：进化型组织的创建之道 [M]. 进化组织研究社，译. 北京：东方出版社，2017：444.

第三章

组织生态学视角下中国社会企业的兴起、现状与发展策略

在我国，越来越多的地方政府规范性文件中已将社会企业作为新的慈善形态或创新社会治理的一种形式，具有官方背景的民间机构开展的社会企业认证也早在 2014 年于广东顺德开始进行，中央一级的立法或规范性文件中却迟迟未见对社会企业的认可，这在一定程度上反映了我国中央政府对社会企业这一组织形态在社会治理中可发挥的功能仍持观望态度，其重要性尚未得到中央政府的认可。那么，社会企业作为一种组织形态，其产生是否具有历史必然性，是否可以发挥其他现有组织无法发挥的功能，还是只是昙花一现？如果其产生具有历史必然性，那么政府应如何顺势而为促进其发展？这是笔者在本章试图研究和回答的问题。

有学者归纳了研究组织成立的三种路径。第一种路径是企业家精神和创业的跨学科研究，该等研究认为成功的企业家精神与一个企业的诞生息息相关，因此信奉该观点的学者会关注企业家精神的心理预测因素、社会文化对创业决策的影响、企业家在社会网络中的嵌入等；第二种路径是聚焦交易成本的新制度经济学路径，该路径认为当一个市场交换的交易成本过高的话，市场失灵将发生，交易将由科层组织予以完成，因此是市场失灵导致了组织的产生；第三种路径是关注环境与新组织产生关系的组织生态学路径。❶ 本章将试图运用组织生态学理论来解答社会企业为何会在我国产生以及政府未来应如何促进其发展的问题。

---

❶ David J. Tucker, Jitendra V. Singh, Agnes G. Meinhard. Organizational Form, Population Dynamics, and Institutional Change: the Founding Patterns of Voluntary Organizations [J]. Academy of Management Journal, 1990, 33 (1): 151-178.

第一节 中国社会企业兴起的组织 生态学解释

一、分析框架：组织生态学理论

组织生态学理论是一个聚焦组织多样性的理论。该理论关注社会环境如何影响新组织形式和新组织的出生率、组织和组织形式的死亡率、组织形式的转换率，关注影响组织多样性的演化动态过程和组织选择的过程。组织生态学理论最早由汉南（Hannan）和弗里曼（Freeman）于 1977 年提出，而后经过众多学者的深化、检验，已经发展成一个对组织的产生、发展和死亡具有较强解释力的理论框架，该理论在众多的产业/行业，如零售商店、药品制造商、酒吧、报业、平板玻璃业、水泥业、电话业、半导体制造业以及非营利组织得到验证，并得出跨组织/行业的具有一般性意义的结论。

组织生态学认为组织的进化过程大体上可以分为三个阶段。第一个阶段为变异，即在组织的种群中新的组织形式不断地出现。它们通常是由企业家发起、由大公司用风险资本建立起来或者由寻求提供新服务的政府建立。第二个阶段为选择，有些变种比其他的更能适合外部的环境或被证实是对社会有益的，因此能够找到自己的领地或缝隙，并且从需要生存的环境中获得资源。第三个阶段为保留，那些被选择的组织形式会保存下来并逐渐形式化或制度化。组织生态学并不排除组织对环境的影响，但特别强调环境选择的作用，其焦点是在环境中社会力量如何决定某一个种群的兴起衰落。❶

　　新组织之所以产生，组织生态学认为很大程度上归结于组织的惰性，众多种类的组织都承受着非常强大的惰性压力，主要源于内部结构（如内部制度）和外部环境（如组织行为的公共合法性）❷，当环境发生迅速变化时，旧的组织由于无法立刻随环境改变而遭遇淘汰，随后出现能够更好地适应环境的新组织。因此，组织惰性也就成为组织不断变异的基础。❸ 而对于组织设立的成功率，组织生态学主要从生态化过程和制度化过程两个方面予以解释。❹ 就生态化过程而言，组织生态学认为组织生态位重叠密度与组织设立率呈负相关关系，非重叠密度与组织设立率呈正相关关系。组织生态位（organizational niche）是指一个种群或一个物种在一个群落中的角色，是一个种群的"生存之道"，是组织成员赖以生存和发展的资源的丰富程度和约束程度。❺ 重叠密度（overlap density）是指一个组织的生态位与组织种群中其他组织的生态位的资源重叠情况的集合。非重叠密度是指未重

　　❶　井润田，刘丹丹. 组织生态学中的环境选择机制研究综述［J］. 南大商学评论，2013（2）：1-14.
　　❷　Michael T. Hannan, John Freeman. 组织生态学［M］. 彭璧玉，李熙，译. 北京：科学出版社，2014：37.
　　❸　井润田，刘丹丹. 组织生态学中的环境选择机制研究综述［J］. 南大商学评论，2013（2）：1-14.
　　❹　彭璧玉. 组织生态学理论述评［J］. 经济学家，2006（5）：111-117.
　　❺　Michael T. Hannan, John Freeman. 组织生态学［M］. 彭璧玉，李熙，译. 北京：科学出版社，2014：28，52.

叠情况的集合。重叠密度越高，就意味着对相同资源的争夺更加激烈，因此组织设立的成功率就越低。就制度化过程而言，组织生态学则强调合法性对组织设立率的影响。组织生态学认为：关系密度与组织设立率之间存在倒 U 形关系。关系密度即组织种群成员与种群环境关键制度之间正式关系的数量。关键制度指种群环境中的政府机构和社区组织。由于制度关系能够提供社会支持、合法性和资源，可以使进入的条件更吸引潜在的设立者，与制度环境发展联系将有助于新组织的产生，因此在种群发展的初始阶段，随着关系密度的提升，组织设立率将提高。随着关系密度越来越高，组织设立者之间为争夺有限的制度性资源的竞争就会越来越激烈，这反过来将抑制组织的设立率。❶

二、社会企业在中国兴起的组织生态学解释

由于社会企业的定义尚无定论，我国也没有社会企业这一特定的法律组织形式，因此关于中国第一家社会企业的归属也是莫衷一是。有人认为 1988 年成立的南京爱德印刷有限公司是现代中国第一家社会企业，也有人认为 1993 年中国社会科学院杜晓山教授创设的扶贫社是中国的第一家社会企业。❷ 而从较多学者认同的我国相关法律法规正式确认的几种与社会企业最类似的特定组织形式看，民办非企业单位

❶ Joel A. C. Baum, Christine Oliver. Toward an Institutional Ecology of Organizational Founding [J]. Academy of Management Journal, 1996, 39 (5): 1378 - 1427.

❷ 李健. 社会企业政策：国际经验与中国选择 [M]. 北京：社会科学文献出版社，2018：4.

的地位于 1998 年被立法所确认，确立农民专业合作社主体地位的《中华人民共和国农民专业合作社法》出台于 2006 年，而福利企业资格的认定产生于 2007 年❶。因此，可以大体认为，我国社会企业或准社会企业的兴起时间应是在 20 世纪末 21 世纪初的跨世纪的 10~20 年间，那么，作为一种新的组织形式，为何会在这一期间兴起？笔者拟从中国社会企业兴起的宏观环境和微观环境两大方面予以解释。就宏观方面而言，笔者主要从政治、经济方面进行分析，而对于微观环境，笔者则主要从行业竞争环境方面予以分析。

（一）中国社会企业兴起的宏观环境

自 1978 年年底召开的党的十一届三中全会提出放弃"以阶级斗争为纲"转而"以经济建设为中心"的新政治路线后，中国的改革大幕由此拉开。改革是渐进式的、"摸着石头过河"式的，改革过程中出现的一些新问题以及国内外环境的变化使中国在迈入 20 世纪的最后十年时面临着改革何去何从的重大选择问题。在改革处于十字路口的关键时刻，1992 年 10 月，十四大作出重大决策，正式确定我国经济体制改革是建立社会主义市场经济体制的方向，随后 1993 年党的十四届三中全会出台纲领性文件《中共中央关于建立社会主义市场经济体制若干问题的决定》，明确建立社会主

---

❶　福利企业的资格认定源于 2007 年民政部颁布的《福利企业资格认定办法》，该办法已于 2017 年被民政部废止。在《福利企业资格认定办法》生效之前，民政部于 1990 年联合其他七部门颁布了《社会福利企业管理暂行办法》，但该暂行办法下的福利企业属于计划经济体制下资金来源及生产经营受政府高度控制的企业，不属于本书界定的社会企业之列。

义市场经济体制，就是要使市场在国家宏观调控下对资源配置起基础性作用。1997 年 9 月，中国共产党第十五次全国代表大会举行，大会明确公有制为主体、多种所有制经济共同发展是我国社会主义初级阶段的一项基本经济制度。

得益于上述改革思想的贯彻，20 世纪末，我国民营经济获得极大的发展。根据国际金融公司于 2000 年进行的调查，如果将社会经济部门划分为国有和非国有两大块，到 1998 年，中国国有经济活动总量已降至 GDP 的 38%。如果扣除国家控股的国内企业和外资企业，则国有经济部门、真正的集体和农业部门、私营经济部门等三大块经济活动，将分别占同期 GDP 的 37%、30%、33%，基本上是"三分天下"。❶

与经济改革同步进行的还有以政府职能转变为核心的行政管理体制改革。要实现市场在国家宏观调控下对资源配置的基础性作用，不可避免地要求政府必须从控制经济、主导经济的角色转换为宏观调控经济的角色，政府在经济和社会中的万能角色必须予以转变，否则政府自身将成为市场经济体制改革的障碍。而这也恰恰与 20 世纪 80 年代在新公共管理理念指导下西方国家陆续开展的"重塑政府"运动异曲同工。与此同时，20 世纪末期我国还面临财政供养人员膨胀、财政负担越来越重的紧迫问题。据统计，截至 1996 年年底，我国财政供养人员总数已达 3673 万人，比 1978 年增长 82.3%，大大高于同期我国总人口 27.1% 的增长幅度，财政供养人口已经占到全国人口总数的 3%，即每 30 名国民就要

---

❶ 刘迎秋. 加快民营经济发展的机制选择 [J]. 中国经贸导刊, 2003 (4)：7-8.

供养 1 名由国库开支的行政事业人员，创下了历史的最高点。在总量上，每年近 2000 亿元的行政事业开支，已经占到国家财政收入的 40%。❶

在上述背景下，在 20 世纪末 21 世纪初，国家开始改变包办社会公共事业的做法，鼓励"社会事业社会办"。同时，经过近二十年的改革开放，公民社会的发展，使社会力量有意愿且有能力以非营利、组织化的方式参与社会公共事业。带有社会企业色彩的民办非企业单位和福利企业也因此应运而生。

如果说民办非企业单位和福利企业是在我国城市改革开放的背景下孕育而生，农民专业合作社则是农村改革开放的成果之一。我国改革的号角是首先从农村吹响的，但随着改革的推进，改革的主战场转移到了城市，城乡差距也越来越大。由于农民占我国总人口的绝大多数，因此如果农民没有享受到改革的成果，则中国的改革就不能说是成功的改革。正因如此，在中共中央 1982—1986 年连续五年发布以"三农"为主题的中央一号文件的 18 年之后，2004 年起，中共中央和国务院又每年发布以"三农"为主题的中央一号文件，强调"三农"问题在中国社会主义现代化时期"重中之重"的地位。农民专业合作社则被视为可以发展农村建设、提高农民收入的一种值得探索的新型组织形式。2004 年中央一号文件即《中共中央 国务院关于促进农民增加收入若干政策的意见》中就提到，从 2004 年起，中央和地方要安排

---

❶ 苏明. 中国财政支出管理透视 [J]. 瞭望新闻周刊, 1998 (4): 10-12.

专门资金，支持农民专业合作组织开展信息、技术、培训、质量标准与认证、市场营销等服务。2006 年中央一号文件即《中共中央 国务院关于推进社会主义新农村建设的若干意见》中亦提到，引导和支持农民发展各类专业合作经济组织，加快立法进程，加大扶持力度，建立有利于农民合作经济组织发展的信贷、财税和登记等制度。2006 年，《中华人民共和国农民专业合作社法》正式出台，农民专业合作社作为一种新型的组织最终被我国法律正式赋予合法性。

（二）中国社会企业兴起的微观环境

如前所述，笔者主要是从行业竞争方面阐述中国社会企业兴起的微观环境。从行业竞争角度看，社会企业的竞争者主要包括传统企业和传统非营利组织。社会企业是介于传统非营利组织及传统企业之间的组织形态，用组织生态学的话语来说，其诞生相对于传统非营利组织及传统企业来说是一种变异。该等变异的出现，一方面说明传统非营利组织及传统企业存在组织惰性从而无法适应环境的变化，另一方面说明社会企业拥有与传统非营利组织及传统企业不同或不完全相同的生态位。

1. 社会企业与传统非营利组织的竞争分析

国内主流观点认为，传统非营利组织具有非营利性、非政府性、志愿性、公益性或互益性等基本属性。[1] 在我国，传统非营利组织主要就是基金会和社会团体。因此，对社会

---

[1] 王名，王超. 非营利组织管理 [M]. 北京：中国人民大学出版社，2016：2-3.

企业与传统非营利组织的竞争分析，主要是从与基金会和社会团体竞争来分析。笔者认为，社会企业能作为一种不同于传统非营利组织的组织形态脱颖而出，主要是因为社会企业找到了与传统非营利组织不同的生态位，主要体现在如下几个方面。

（1）主要收入来源不同。

社会企业的主要收入来源为经营活动所得，而第三方的资助是传统非营利组织的主要收入来源，且传统非营利组织即使可以从事经营活动，该等经营活动也并不构成其主要收入来源。根据邓国胜等人的《中国 NGO 问卷调查的初步分析》❶，1998 年度，被调查的非营利组织❷最主要的收入来源是政府提供的财政拨款和补贴，营业性收入仅占 6%，1998 年传统非营利组织的平均收入结构具体如图 3-1 所示。

我国规范基金会和社会团体的立法《基金会管理办法》和《社会团体登记管理条例》于 1988 年和 1989 年相继出台。❸ 根据《基金会管理办法》的规定，基金会的活动宗旨是通过资金资助推进科学研究、文化教育、社会福利和其他公益事业的发展，基金会的基金应当用于资助符合其宗旨的活动和事业，不得挪作他用，基金会不得经营管理企业，基金会可以将资金存入金融机构收取利息，也可以购买债券、股票等有价证券，但购买某个企业的股票额不得超过该企业

❶　邓国胜. 中国 NGO 问卷调查的初步分析［EB/OL］.［2024-08-12］. https：//max. book118. com/html/2018/0922/8027106103001124. shtm.

❷　由于 1998 年尚无民办非企业单位正式成立，因此 1998 年的 NGO 数据仅包括传统非营利组织。

❸　《基金会管理办法》后被 2004 年出台的《基金会管理条例》取代。

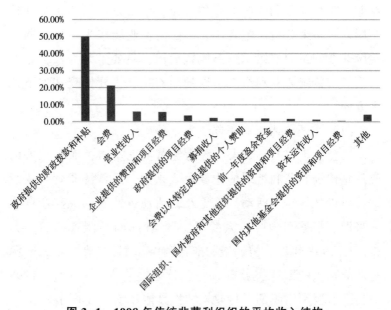

图 3-1　1998 年传统非营利组织的平均收入结构

股票总额的 20%。《社会团体登记管理条例》规定，社会团体不得从事以营利为目的的经营性活动。根据民政部、原国家工商行政管理局发布的《关于社会团体开展经营活动有关问题的通知》、民政部《关于社会团体兴办经济实体有关问题的复函》（民办函〔2002〕21 号）等文件，社会团体不得以自身的名义进行经营活动，但可以通过投资设立企业法人或设立非法人的经营机构的方式开展经营活动。从上述规定看，无论是基金会还是社会团体，其直接从事经营活动都是政府所不希望见到的。实际上，我国传统非营利组织从事经营性活动也是不常见的，根据邓国胜等人的《中国 NGO 问卷调查的初步分析》，截至 1998 年，被调查的传统非营利组

织中设置经营实体和进行商业性活动的比例仅为 7.2%
和 7.4%。❶

（2）社会价值的体现方式不一样。

传统非营利组织并不是通过从事经营活动来体现其社会
价值的，而是通过直接资助、提供会员服务等方式来体现。
传统非营利组织即便从事一些经营活动，也主要是以间接的
方式进行，经营活动并非其主要业务，这些经营活动往往与
其宗旨不一致，其获得这些经营收入后还需把该等收入投入
与其宗旨相符合的活动中，才能体现其社会价值。

相反，社会企业不但是直接从事经营活动并以经营活动
所得为其主要收入来源的组织，而且其从事经营活动本身往
往就是在实现其活动宗旨，比如民办教育机构、民办医疗机
构、农村合作社等均是如此。有学者将社会企业区分为三大
类型：一是社会投入型，这类社会企业的社会价值体现在如
何对待原材料或供应渠道上，例如公平贸易组织就是最常见
的社会投入型的企业；二是社会过程型，这类社会企业的社
会价值体现在雇佣政策或产品/服务的设计或生产上，工作
整合型的社会企业属于该类社会企业；三是社会产出型，该
类社会企业的社会价值内嵌于其产品之中，比如小额贷款组
织或培训和教育企业就属于该类。❷ 笔者认为该等分类已经
基本能够涵盖笔者所界定的所有社会企业，从上述分类亦可
看出，无论哪一类型的社会企业，其活动宗旨/社会价值都

❶ 邓国胜. 中国 NGO 问卷调查的初步分析 [EB/OL]. [2024-08-12]. ht-tps：//max. book118. com/html/2018/0922/8027106103001124. shtm.

❷ Inés Alegre. Social and economic tension in social enterprises：Does it exist? [J]. Social Business, 2015（5）：17-32.

体现在其所从事的经营活动中。

（3）服务的对象不尽一致。

传统非营利组织经常被认为是以施恩者的态度自居的，同时因为无法解决贫困的根本病因而使贫困得以延续，● 而对于比如自然灾害后对食物和医疗有急迫需求的人群，以及那种无法自食其力的人群，传统非营利组织是能够予以有效快速回应的组织。社会企业则不善于解决因突发事件而产生急迫需求的问题，其关注的人群与传统非营利组织不太一致，其主要是通过向可以自食其力的人群提供必要的启动资金、工作机会、销售渠道、能力培训等，给相关人群"赋能"，从而从根本上解决问题。同时，通过这种方式，社会企业较传统非营利组织赋予其受益人更多的个人尊严和自治权。●

（4）分配机制不一致。

传统非营利组织以"分配约束"作为主要特征之一，不向成员分配是其非营利性的根基。但社会企业仅要求每年利润中超过 50% 的部分用于实现其社会目标，以及社会企业解散时其剩余资产中超过 50% 的部分应用于社会目标，因此，相较于传统非营利组织，社会企业可以吸引希望同时获取社会目标和财务目标的投资者或资源提供者。

---

❶ Pascal Dey, Simon Teasdale. Social Enterprise and Dis/identification：The Politics of Identity Work in the English Third Sector ［J］. Administrative theory & praxis，2013，35（2）：248-270.

❷ 穆罕默德·尤努斯，卡尔·韦伯. 企业的未来：构建社会企业的创想［M］. 杨励轩，译. 北京：中信出版社，2011：8.

2. 社会企业与传统企业的竞争分析

工业的大力发展产生了许多负面影响，20 世纪中期以后，关于传统企业的社会责任问题成为西方经济学界和管理学界的热门话题，许多企业开始积极承担各种社会责任。❶包括我国在内的许多国家和地区立法也开始将社会责任作为企业需要承担的责任之一，❷ 越来越多的消费者也倾向于购买承担社会责任的企业提供的产品和服务。那么，在这种背景下，社会企业有别于传统企业的生态位是否存在？

（1）组织目标不尽一致。

传统企业的目标是使股东利益最大化，传统企业在承担社会责任时是以不违背该目标为前提的，甚至在很大程度上可以说，传统企业承担社会责任是实现其股东利益最大化的一种手段。虽然从结果上说，传统企业承担社会责任可以促进社会福利，但这种促进基本上仅限于减少负外部性。而社会企业的组织目标是双重（社会和财务）的或三重（社会、财务和环境）的，股东的利益并非其唯一的考虑甚至不是主要的考虑，其目标不仅仅是减少负外部性，更是创造正外部性。

（2）社会责任的承担之制度化程度有区别。

由于传统企业是以股东利益最大化为最终目标的组织，因此其承担社会责任或解决社会问题是随机、非制度性和附带性的。相反，由于具有社会目标是社会企业的"标配"，因此其

---

❶ 陈宏辉，贾生华. 企业社会责任观的演进与发展：基于综合性社会契约的理解 [J]. 中国工业经济，2003（12）：85-92.

❷ 比如 2005 年修订的《中华人民共和国公司法》第 5 条规定：公司从事经营活动，必须遵守法律、行政法规，遵守社会公德、商业道德，诚实守信，接受政府和社会公众的监督，承担社会责任。

组织章程等基本治理文件中会对该社会目标予以明确，同时采取措施使该社会目标不轻易被改变，并对社会目标的实现予以保障，构成对利益相关方及社会的一种公开承诺。简而言之，社会企业将为其社会目标的实现提供常态和制度化的保障。与此相适应，社会企业的管理者比传统企业的管理者拥有更大的在利润目标和社会目标之间的自由裁量权。❶

（3）分配机制不一致。

传统企业由于是以股东利益最大化为目标的企业，因此股东的利润分配权必然成为各国立法必须予以保障的权利之一。例如根据我国 2005 年修订的《公司法》第 75 条规定，公司连续五年不向股东分配利润，而公司该五年连续盈利并且符合《公司法》规定的分配利润条件的，则对股东会该项决议投反对票的股东可以请求公司按照合理的价格收购其股权。对社会企业而言，股东或出资人的利润分配权却并非立法必须保障的事项。比如，我国的民办非企业单位除了民办学校依据《中华人民共和国民办教育促进法》及其实施条例规定出资人可以根据民办学校章程的规定取得"合理回报"外（这一规定在 2016 年《中华人民共和国民办教育促进法》修改后也被废止了），其他民办非企业单位的出资人均无利润分配权或"合理回报"的立法保障。

（三）小　　结

综上可以看出，20 世纪 90 年代末 21 世纪初的中国在政

---

❶ Timothy Besley, Maitreesh Ghatak. Profit with Purpose? A Theory of Social Enterprise [J]. American Economic Journal：Economic Policy, 2017, 9 (3)：19-58.

治和经济环境方面均发生了巨大的变革，建立社会主义市场
经济体制总方向的确立、我国民营经济的发展、以政府职能
转变为核心的行政管理体制改革，都提供了孕育社会企业的
土壤，同时由于社会企业有着与传统非营利组织和传统企业
不尽一致的生态位，其组织生态位与传统非营利组织和传统
企业的生态位重叠密度不高，因而其能够在与传统非营利组
织和传统企业的竞争中找到其生存空间，社会企业的产生是
环境选择的结果。

第二节　中国社会企业的现状——中国社会企业生态系统的初步构建

　　虽说社会企业的产生是环境选择的结果，但社会企业在
我国出现后，是否可以顺利发展，还有待于社会企业生态系
统的构建。欧盟委员会发布的一份关于社会企业的报告中，
把社会企业生态系统归结如图 3-2 所示。❶

---

❶ European Commission. Social enterprises and their ecosystems in Europe. Comparative synthesis report. Authors：Carlo Borzaga，Giulia Galera，Barbara Franchini，Stefania Chiomento，Rocío Nogales and Chiara Carini ［M/OL］. Luxembourg：Publications Office of the European Union，2020［2024-08-12］. https：// ec. europa. eu/social/main. jsp? advSearchKey = Social + enterprises + and + their + ecosystems+ in + Europe&mode = advancedSubmit&catId = 22&doc _ submit = &policyArea = 0&policyAreaSub = 0&country = 0&year = 0.

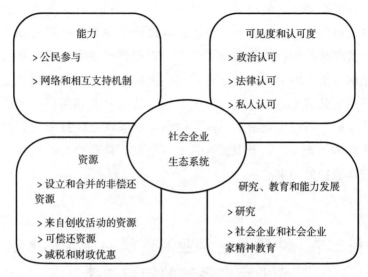

图 3-2　社会企业生态系统

　　基于上述观点，笔者认为，从建构主体的角度看，我国社会企业的生态系统的建构包括：社会企业的自我发展、社会的支持和政府的支持。

一、社会企业的自我发展

　　经过近三十年的发展，中国的社会企业已初具规模。根据北京社启社会组织建设促进中心和南都公益基金会共同编制的《中国社会企业与社会投资行业调研报告》，截至 2017 年中国有"自觉意识"的社会企业有 1084 家，"无意识"的社会企业大约为 175 万家。所谓"自觉意识"的社会企业，是指通过参与业内活动，认同自己的社会企业身份，同时同行也接纳并认同其社会企业身份的社会企业。而"无意识"的社会企业是指这类组织尚未认识到自己社会企业的身份，并不被业内所了解或接纳的社会企业。总体而言，中国"自觉意识"的社会企业尚处于组织生命周期的开创期，在"自觉意识"的社会企业中，有31.8%的社会企业具有限制利润分配的规定，29.2%的社会企业具有禁止利润分配的规定，且剩余39%的完全不限制利润分配的社会企业中，有84.5%的社会企业将其净利润用于"再投资于机构的事业"。已经初具规模的社会企业在中国也逐步展现出自身的价值。该调查显示：（1）无论是"自觉意识"的社会企业还是"无意识"的社会企业，均弘扬了公共价值与精神，促进了社会公共利益目标的实现；（2）在所有被调研的"自觉意识"的社会企业中，有72.2%的社会企业将弱势群体（例如残障人士、长期病患者、贫困人群等特定人群）纳入服务范围，为105 051 273名弱势人员提供相应的服务，有40.4%的社会企业将弱势群体纳入市场经营的客户群体中，客户中大约有250万弱势人员，有35.3%的社会企业雇用弱势群体为受薪员工，受薪员工中弱势人员总量为2109人；（3）2017年"自觉意识"的社会企业平均收入总额为552.54万元，据此，按照低方案中国社会企业的总收入大约为93亿元，占GDP的比例几乎可以不计，按高方案估算中国社会企业的总收入大约为22 143亿元，相当于2017年中国GDP的2.68%；（4）提供就业机会，按低方案估算的"自觉意识"的社会企业员工总数为79 148人，按高方案估算中国社会企业的受薪员工数量为1923万人，相当于中国2017年全国就业人数的2.48%；（5）中国"自觉意识"的社会企业主要在教育、社区发展、就业与技能、环境与能源等领域发挥作用，而"无意识"的社会企业主要在教育、社会服务、农村

社区发展与扶贫等领域发挥作用。❶

2012 年 11 月,深圳残友集团荣获英国社会企业联盟颁发的"国际社会企业大奖";2016 年,第一反应®认证成为中国(不含港澳台)第一家官方认可的共益企业(B Corp™),❷ 标志着中国社会企业开始被世界所认可。❸

二、社会的支持

对我国社会企业的社会支持主要体现在:孵化、能力建设、对社会企业的投资、行业建设、智力支持、宣传、认证。我国目前还存在为社会企业提供上述支持的专门性机构,根据前述《中国社会企业与社会投资行业调研报告》,能够提供上述一种或多种产品/服务的机构在 30~40 家。❹

(一)培育孵化和能力建设方面的社会支持

2006—2015 年,英国文化教育协会启动的社会企业家技能培训项目,培训了 3200 多名社会企业家,携手合作伙伴向 117 家社会企业提供了 3700 万元的社会投资机会。❺ 成立

❶ 北京社启社会组织建设促进中心,南都公益基金会. 中国社会企业与社会投资行业调研报告 [R]. 北京:社会科学文献出版社,2019:6-12.

❷ 第一反应官网,https://www.sos919.com.cn/contact.html,访问时间 2024 年 4 月 6 日.

❸ 贺培育,魏朝阳. 社会企业发展理论与实践报告 [M]. 长春:吉林大学出版社,2021:22.

❹ 北京社启社会组织建设促进中心,南都公益基金会. 中国社会企业与社会投资行业调研报告 [R]. 北京:社会科学文献出版社,2019:15.

❺ 游文佩,路城,等. 2015—2018 中国慈展会社会企业认证发展报告 [R/OL]. 深圳:中国慈展会组委会办公室,2020 [2024-08-12]. https://www.csedaily.com/wp-content/uploads/2022/08/2022082302333795.pdf.

于 2006 年的恩派（NPI）是中国领先的支持性公益组织，致力于公益孵化、能力建设、社区服务、社会企业投资、社创空间运营等领域。"公益孵化器"模式由恩派于 2007 年设计成形，旨在为初创期社会组织提供包括资源平台、财务托管、公共空间、能力建设、种子基金、注册辅导等关键性支持，是近年来社会建设领域的重要制度创新，其直接拓展及技术输出已在全国广泛复制。近年来，随着"社会企业"概念的逐渐兴起，"社会创新"的浪潮持续高涨，恩派亦与时俱进，将孵化支持的对象由传统非营利组织，延展为包括社会企业在内的系列社会创新主体，并积极撬动第三方资源，为其提供包括能力建设、资源对接、传播融资等在内的一揽子支持。恩派迄今已孵化超过 1000 家社会组织及社会企业，其他各项业务资助及支持了超过 3000 家公益机构，培训公益人才数万人，涵盖养老、教育、环保、青少年发展、扶贫、助残、社区服务、社会工作等诸多领域。恩派扶植的多家机构，如"新途""手牵手""青翼""歌路营""乐龄""百特教育""瓷娃娃""雷励""爱有戏""益众""十方缘""绿主妇""益宝""翠竹园""益修"等已成为中国公益领域的知名品牌。2015 年，恩派携手摩根大通启动"鲲鹏社会企业加速计划"，首次尝试以全国性支持项目的形式，发掘和培养极具潜力的社会企业。2018 年，恩派与汇丰银行合作打造"汇丰中国社会企业支持计划"，旨在结合汇丰银行在金融领域的专业能力和服务中小企业的经验累积，以及恩派在社会企业孵化领域的创新探索和对社区发展的深入洞察，共同推动社会企业在中国的发展。该项目在全国范围内征集了近 400 家社会企业案源，并历经一系列甄选、赋能、培育、考察，最终选出 20 家社会企业，于 2019 年 5 月 24 日，在成都举办的"2019 中国·成都社会企业投资峰会暨 2019 最具发展潜力社会企业 Top20 颁奖典礼"上公布。此次峰会除了汇丰银行及恩派，亦争取到成都市武侯区人民政府及第一财经等支持主体参与，从政府政策及公共舆论层面，大力营造了对于社会企业的关注。❶ 此外，南都公益基金会的银杏伙伴成长计划（以下简称"银杏计划"）是一项投资于人的长期性公益项目，致力于资助青年"社会创业家"，帮助他们突破个人成长和事业发展的瓶颈，成为解决急迫社会问题的重要贡献者。资助对象为公益组织和社会企业的领导者或创始人，以及在公益领域具有影响力的学者、媒体人、个人行动者和未来的公益组织领导者。针对青年社会创业者在事业发展中遇到的困境，银杏计划提出了具体解决方案，包括：连续三年每年 10 万元人民币的资金支持、每年两次的能力建设和三年一次的海外参访学习机会。银杏计划由南都公益基金会于 2010 年开始执行，2015 年孵化成为独立注册的北京市银杏公益基金会。❷

（二）社会对社会企业的投资支持

作为社会创新的先行探索者，北京乐平公益基金会（以下简称"乐平基金会"）是中国最早创建和投资培育社会企业的公益机构之一，2002—2013 年先后孵化培育了五家社会

---

❶ 恩派官网，https：//www.npi.org.cn，访问时间 2024 年 4 月 6 日。

❷ 南都公益基金会官网，https：//www.naradafoundation.org，访问时间 2024 年 4 月 6 日。

企业，涉及贫困女性就业、农村小额贷款、学前教育、生态信任农业等领域；2017 年乐平基金会成为共益企业在中国的主要倡导者，乐平-SVP 中国社会创新投资基金做出第一个共益企业投资：众建筑；2008 年，乐平基金会成立北京富平创业投资有限责任公司从事社会投资；❶ 乐平基金会投资设立的富平家政被《社会企业观察》等多家机构评价为中国最成功的社会企业。❷ 恩派社会创投基金（以下简称"恩派创投"）是中国首批以股权形式投资初创期社会企业的社会影响力投资基金之一，致力运用影响力投资这一创新金融工具，以股权投资的形式为处于快速发展期具有社会价值使命的社会企业提供资金及与之配套的赋能支持，旨在帮助其产生更大的社会效益。现已完成两笔投资：益宝互助与益修学院。❸ 21 世纪初以来，关注社会价值的创投企业和私募基金迅速崛起，表现出强烈和直接的社会价值投资取向。成立于 2001 年的青云创投，尽管将自己的定位表述为企业社会责任投资者，实际上非常接近公益创投。青云创投管理着 4 只总额达 6 亿美元的境外环境基金和两只总额共计 10 亿元人民币的清洁技术基金，是节能、环保、新能源、生态农业和清洁能源领域的开拓者，已经成功投资近 40 家企业。由青云创投发起成立的中国环境基金（China Environment Fund）成

❶ 北京乐平公益基金会官网，www. lepingfoundation. org. cn，访问时间 2024 年 4 月 6 日。

❷ 中国发展研究基金会，友成企业家扶贫基金会. 中国社会价值投资报告（会议版）[R/OL]. (2016-08-25) [2024-04-06]. https://www. youcheng. org/upfile/shehuijiazhitouzibaogao-zhongwen. pdf.

❸ 恩派官网，https://www. npi. org. cn，访问时间 2024 年 4 月 6 日。

立于 2002 年，是国内第一只致力于清洁技术投资的海外系列风险投资基金。中国环境基金的投资人包括亚洲开发银行、荷兰政府基金、香港 LESS 公司、英国石油、巴斯夫、荷宝（Robeco）、瑞士再保险等国际知名投资机构，目前管理的资金达到 3 亿美元。岚山社会基金是首个本土社会私募股权基金，发起成立于 2011 年，资金募集总规模为 1.8 亿元人民币，投资规模从 500 万元到 2000 万元不等，该基金关注高成长性的社会企业和利用财务杠杆参与民生行业并购整合的机会，目前已经完成两期全部资金的投资。岚山社会基金采用了较为宽泛的社会企业定义，为大多数类别的具有直接社会或环境效益的企业服务，已经进入投后阶段的项目主要集中于可持续生计、乡村教育、垃圾处理等领域。❶

（三）行业建设方面的社会支持

2014 年，南都公益基金会联手乐平基金会、增爱公益基金会、中国扶贫基金会、阿里巴巴公益基金会、成美慈善基金会、恩派、禹因资本等 17 家支持社会企业和影响力投资发展的基金会、公益创投机构和社会企业研究机构发起成立中国社会企业与社会投资论坛（后更名为"中国社会企业与社会影响力投资论坛"），旨在成为中国社会企业与影响力

---

❶ 中国发展研究基金会，友成企业家扶贫基金会. 中国社会价值投资报告（会议版）［R/OL］.（2016 - 08 - 25）［2024 - 04 - 06］. https://www. youcheng. org/upfile/shehuijiazhitouzibaogao-zhongwen. pdf.

投资行业生态系统构建的倡导者。❶ 2016 年，由友成企业家乡村发展基金会、中国社会治理研究会、中国投资协会、吉富投资、清华大学明德公益研究院领衔发起，近 50 家机构联合创办了社会价值投资联盟（深圳）。该联盟以"践行义利并举，投向美好未来"为愿景，通过开发可持续发展价值量化评估标准，打造推动可持续发展的金融生态圈，倡导共同提升经济、社会、环境综合价值，建设促进可持续金融发展的国际化新公益平台。❷ 2019 年，我国第一个综合性社会企业服务平台（CSESC）正式上线（官方网站：https：//www. csedaily. com），该平台由深圳市社创星社会企业发展促进中心作为运营主体，是国内以开展社会企业标准制定、研究、咨询、评价、孵化、培育、对接与影响力投资的非营利性机构。❸ 2023 年 4 月 7 日，由北京社会企业发展促进会、深圳市社创星社会企业发展促进中心、"建外红"共富联盟、善行直达联合主办的"2023 社会企业（北京）峰会"在北京举行，该峰会聚焦"社企高质量发展，助力共同富裕"，就政策支持、金融服务体系搭建、社会企业能力提升和行业生态建设等议题进行了深入探讨和经验分享，超过 50 万人

---

❶ 游文佩，路城，等 .2015—2018 中国慈展会社会企业认证发展报告 [R/OL]. 深圳：中国慈展会组委会办公室，2020［2024－08－12］. https://www. csedaily. com/wp－content/uploads/2022/08/2022082302333795. pdf.

❷ 社会价值投资联盟（深圳）官网，https：//www. casvi. org/h－col－297. html，访问时间 2024 年 4 月 6 日。

❸ 社会企业服务平台官网，https：//www. csedaily. com，访问时间 2024 年 4 月 5 日。

次通过线上直播参加此次峰会。❶ 另外值得一提的是，2022 年 7 月，天府（四川）联合股权交易中心与电子科技大学经济与管理学院可持续发展研究中心、成都共益社会企业认证中心联合共建的"社会企业板"获批并正式启动，截至2023 年 10 月 31 日，在天府（四川）联合股权交易中心累计挂牌展示的社会企业 102 家，比开板时增加 78 家，增长 325%。❷

（四） 社会对社会企业的智力支持

2007 年，北京大学经济学院首次在国内大学中开设社会企业课程。2008 年，国内第一家社会企业研究中心——社会企业研究中心成立，该中心是由国内领先商学院教授、商业精英和媒体人士共同发起，关注中国社会企业的专业研究、教学和培训的领军机构。该中心已经完成超过 80 个本地社会企业案例，重要的基础性研究以及在 2013 年博鳌亚洲论坛发布的第一份中国社会企业白皮书。此外，该中心团队自2012 年开始在上海财经大学首先开设硕士和 MBA 的"社会创业"学分课程。为了提升国内社会企业整体状况，该中心每年 11 月会组织社会创业和社会投资高峰论坛。❸ 2019 年12 月 23 日，在上海交通大学主办的以"社会企业的影响力

---

❶ 北京社会企业发展促进会官网，http：//www.bsep.org.cn，访问时间2024 年 4 月 5 日。

❷ 天府（四川）联合股权交易中官网，https：//www.tfse.com.cn，访问时间2024 年 4 月 5 日。

❸ 社会企业研究中心网，https：//www.britishcouncil.cn/programmes/society/social-investment-platform/partners-serc，访问时间 2024 年 4 月 6 日。

与政策选择"为主题的 2019 年第四届中韩社会企业国际会议上，中国社会治理研究会与上海交通大学中国公益发展研究院联合成立的中外社会企业研究中心正式挂牌，这是国内首个中外社会企业研究中心。此外，一些公益基金会也以资助方式积极推动社会企业研究的开展，其中较为突出者包括友成企业家扶贫基金会、北京亿方公益基金会和北京乐平公益基金会。友成企业家扶贫基金会（2022 年 10 月经批准正式更名为"友成企业家乡村发展基金会"，以下简称"友成基金会"），是全国第一家以倡导社会企业家精神为使命的公益基金会，是第一家以发现和支持社会创新领袖型人才为使命的基金会（目前的使命为"打造社会创新生态"）。友成基金会于 2009 年编制《社会创新蓝皮书》，2011 年与中央编译局联合出版了"友成"社会创新与社会译丛，包括《社会企业家的战略工具》《探求社会企业家精神》等著作，❶ 2016 年友成基金会与中国发展研究基金会发布《中国社会价值投资报告》，2022 年与中国人民大学合作中国社会创新案例库，上述举措推动了社会企业研究的发展。❷ 近年来，北京大学公民社会研究中心、北京师范大学社会创新研究院、中国发展研究基金会、湖南大学中国公益研究中心也积极开展了关于社会企业、社会价值投资的相关研究工作和实践。2015 年，北京大学公民社会研究中心与中国发展研究基金会、友成基金会合作，将八国集团的社会价值投资报告首

---

❶ 贺培育，魏朝阳．社会企业发展理论与实践报告［M］．长春：吉林大学出版社，2021：28，100-108.

❷ 友成企业家乡村发展基金会官网，https://www.youcheng.org，访问时间 2024 年 4 月 6 日。

次译介到中国。友成基金会与北京大学经济学院合作开设社会创业网络学分课，以扩大学生的社会视野及创业视野，项目同时还设有小额种子基金，支持学生的社会创业梦想。❶北京亿方公益基金会以"关注公益研究与社会企业，支持公益组织成长，推动社会创新发展"为使命，社会企业是其重点资助的两个领域之一，而资助与社会企业发展的相关研究是其突出特色。2016 年，该基金会资助了由北京大学公民社会研究中心执行的中国社会企业认证指标体系研究项目，以及由中央民族大学基金会研究中心执行的中国社会企业认证指标体系研究项目，并与善与志团队合作，资助撰写中国第一部影响力投资专著，该项目产出成果已于 2022 年 7 月由中国经济出版社出版发行，出版物正式名称为《影响力投资2.0：理论、实务与案例》；2020 年，北京亿方公益基金会资助由北京师范大学社会发展与公共政策学院执行的我国农业合作社型社会企业的组织发展与绩效管理：基于国际经验与中国现实的比较研究项目，由上海工程技术大学执行的社会企业成长的路径演化及绩效转化机制研究项目以及由电子科技大学经济管理学院执行的中国社会企业可持续发展影响机制研究项目；2021 年，该基金会资助了由对外经济贸易大学中日韩社会经济研究中心执行的社会企业社会价值可视化评估示范研究项目，以及由北京民乐社会组织能力促进中心执行的成都社区社会企业政策试点可行性研究项目；2019 年

---

❶ 中国发展研究基金会，友成企业家扶贫基金会. 中国社会价值投资报告（会议版）［R/OL］.（2016-08-25）［2024-04-06］. https://www.youcheng.org/upfile/shehuijiazhitouzibaogao-zhongwen.pdf.

开始，该基金会资助了社会创业青年学者论坛项目，截至2023年已举办五届，该项目目标是营造国内社会创业、社会企业、影响力投资、公益创投、公益与商业关系、非营利部门市场化等领域的理论高地，汇聚一批有志于从事社会创业研究的青年学者，为中国社会企业可持续发展建立一支专家队伍。建立社会创业领域论文发表的渠道通路，通过大量高水平研究成果发表，增加该领域从业人员和社会各界对社会创业的认知；同时吸引更多的中文期刊关注和支持社会创业方向研究，为我国社会创业实务发展提供智力支持，对接实务机构和专家学者的需求，与政府、社会力量共同推动社会创业生态系统的建设。❶ 2017年，乐平基金会成为《斯坦福社会创新评论》（SSIR）唯一的中文出版方，并连续四年举办"斯坦福中国社会创新峰会"，以全球领先的思想和经验，连接本土实践，构建社会创新领导者社群；同年，该基金会启动"共益企业"项目，倡导"利益相关者经济（共益经济）"；2019年，该基金会建立"社会设计实验室"，探索跨界合作的行动路径和应用场景，为社群成员创造实践场域，并通过连续合作创新，逐步形成商业化路径或者规模化的可能性。❷

（五）社会在宣传方面对社会企业的支持

2012年11月，由友成基金会、恩派公益组织发展中心发起举办了"社创之星"年度评选。每年由在社会创新创业

---

❶ 北京亿方公益基金会官网，www.yifangfoundation.org，访问时间2024年4月5日。

❷ 北京乐平公益基金会官网，www.lepingfoundation.org.cn，访问时间2024年4月6日。

领域具有卓越影响力和公信力的专家，推荐全国范围内具有活力和潜力的社会创业代表人物，通过评委会评审、网络投票等方式最终产生年度社创之星 SEStar。❶ 截至 2024 年，已诞生社创之星 500 余位，涵盖残障、医疗、教育、环保、养老、扶贫等领域。❷ 南都公益基金会作为最早关注社会企业的公益组织之一，在其业务中专门开辟了社会企业板块，旨在促进跨界资源流通及合作，推动社会企业理念在全社会的主流化，该板块主要有三个目标：通过与中国社会企业与影响力投资论坛的深度合作，推动该论坛成为有效推动社会企业和影响力投资发展的重要基础设施；通过支持社会企业理念和实践的广泛传播，增加社会企业概念的曝光度，推动社企概念突破公益圈，进入主流商业的话语体系，得到公众的认可；通过倡导和推广广义社企概念下创新的模式和方法，撬动企业资源探索解决社会问题的创新路径。❸ 2014 年南都公益基金会、社会企业研究中心、北京亿方公益基金会、中国扶贫基金会、中华社会救助基金会等 17 家机构联合，共同创立"中国社会企业与社会投资论坛"，旨在促进跨界交流，推动行业发展及构建良好的外部环境，该论坛还于 2016 年 11 月发起了首届中国社会企业奖。此外，公益慈善学园对社会企业传播的助力也值得一提。公益慈善学园是由一群

---

❶ 中国发展研究基金会，友成企业家扶贫基金会. 中国社会价值投资报告（会议版）［R/OL］.（2016-08-25）［2024-04-06］. https：//www. youcheng. org/upfile/shehuijiazhitouzibaogao-zhongwen. pdf.

❷ 友成企业家乡村发展基金会. 社创之星［EB/OL］.［2024-09-22］. https：//www. youcheng. org/project_detail. php？id=901.

❸ 南都公益基金会官网，https：//www. naradafoundation. org，访问时间 2024 年 4 月 6 日。

关心我国公益慈善事业发展的国内外专家学者联合发起的学术交流平台，是公益慈善领域的专家学者发表深度评论、学术成果的展示平台，其宗旨是"汇学界之志识，展学术之公器、琢时事之兴弊、利慈善之发展"。公益慈善学园现拥有微信公众平台、门户网站、邮件群组、年度报告、微刊等，通过全媒体形式开展传播，社会企业也是其关注和传播的热点之一。公益慈善学园的活动得到了施永青基金、广东省与人公益基金会等机构的支持。❶

（六）社会在认证方面对社会企业的支持

2015 年第四届中国慈展会期间，国内首个民间社会企业认证办法——《中国慈展会社会企业认证办法（试行）》发布。中国慈展会社会企业认证（China Charity Fair Social Enterprise Certification，以下简称 CCF 认证）于 2015 年 6 月正式启动，每年在中国慈展会上发布。中国慈展会社会企业认证由深圳市中国慈展会发展中心、国际公益学院、北京大学公民社会研究中心、北京师范大学中国公益研究院、北京亿方公益基金会、中国人民大学尤努斯社会事业与微型金融研究中心等六家权威机构联合发起，是中国首个全国性的民间社会企业认证机制。每一届 CCF 社会企业认证过程皆包含初审、中审和终审三个阶段，具体涵盖申请、初评、反馈、尽

---

❶　公益慈善学园官网，www. charityschool. org. cn，访问时间 2024 年 4 月 5 日。

职调查、专家评审、公示等六个基本环节。❶ 具体认定执行工作由社会企业认定平台（CSECC）负责，社会企业认定平台还承担了四川省成都市社会企业认定工作，并参与北京市社会企业认定工作及广东省佛山市顺德区社会企业认定工作，根据截至 2024 年 4 月 28 日社会企业服务平台官网发布的信息，已通过其认证的各地社会企业达到近 600 家。❷ 在中国慈展会社会企业认证启动之前，广东省佛山市顺德区委区政府设立的佛山市顺德区社会创新中心已开创国内社会企业认证先河，但顺德区的社会企业认证是带有官方色彩的认证，且仅对注册于顺德区的组织开放认证。

三、政府的支持

在我国，目前中央一级尚无立法或其他规范性文件使用"社会企业"这一名称。因此，在中央层面也没有专门针对社会企业的支持措施。在地方层面，2014 年 9 月，在广东省佛山市顺德区委区政府领导下的法定机构顺德区社会创新中心出台《顺德区社会企业培育孵化支援计划》，该计划对社会企业认定标准、支持措施做了较为详细的规定，并据此开始进行社会企业认证，这是中国第一个地方性的有官方机构背景的社会企业认证。此后，北京、成都等地政府也开始了

---

❶ 游文佩，路城，陈静雅，等. 中国慈展会社会企业认证发展报告（2015—2018）［R/OL］. 深圳：中国慈展会组委会办公室，2020［2024-08-12］. https://www.csedaily.com/wp-content/uploads/2022/08/20220823023337-95.pdf.

❷ 社会企业服务平台. 关于我们［EB/OL］.［2024-05-08］https://www.csedaily.com/about.

社会企业的认证工作。笔者总结了目前各地政府对社会企业的主要支持措施，如表 3-1 所示。

表 3-1 我国代表性地方政府对社会企业的主要支持措施

地区	主要支持措施	依 据
北京市	1. 促进社会企业高质量发展。鼓励大中型企业特别是国有大中型企业履行社会责任创设社会企业。引导具有一定市场经营能力和稳定市场活动空间的社会服务机构转型为社会企业。 2. 加大财政税收支持力度。鼓励各类行业、产业发展资金在政策范围内支持社会企业发展，重点支持公共服务和公益服务领域的初创期社会企业和利润空间较小的社会企业。落实国家各项减税降费政策，确保优惠政策全面、及时惠及社会企业特别是中小微社会企业。 3. 完善社会企业金融支持。鼓励商业银行、政府性融资担保机构等金融机构加强对社会企业的支持力度，通过创设专项信贷产品、优化担保增信方式、单列信贷额度、建立授信"白名单"制度等提升社会企业的融资满意度。探索开展社会企业特色支持银行的认定与评估工作，激励社会企业特色支持银行将更多信贷资源投入社会企业发展，积极创造社会效益。依托北京畅融工程，搭建社会企业与金融机构的政银企对接机制，通过股、债、贷、租赁、保理及政策宣传、培训等多种方式满足企业需求。支持设立社会企业投资资金。鼓励基金会采用包括股权投资在内的多种方式为社会企业发展提供资金支持。 4. 加大政府购买社会企业产品和服务力度。将符合条件的社会企业产品列入政府采购目录（清单），民生保障、社会治理、公益慈善等领域服务项目同等条件下重点考虑由社会企业承接。逐步扩大政府购买社会企业服务的范围和规模，有序引导社会企业参与服务供给。对于适合社会组织承担的政府购买服务项目，社会企业可同等参与。	北京市社会建设工作领导小组关于印发《关于促进社会企业发展的意见》的通知（京社领发〔2022〕3号）

地 区	主要支持措施	依 据
北京市	5. 建立社会企业培育孵化基地。在市、区、街乡因地制宜合理布局建立社会企业培育孵化基地。孵化基地可与现有各级社会组织服务（孵化）基地统筹设立，也可借助现有企业孵化器设立。被认定的社会企业或符合社会企业发展方向、尚未被认定的初创企业，可入驻孵化基地。社会企业入驻孵化基地的期限原则上不超过三年。尊重市场规律，重点关注初创期和成长期的社会企业。孵化基地在办公场地、人力资源、培育培训等方面对入驻企业给予支持。 6. 拓展社会企业参与基层社会治理途径。鼓励物业、养老、家政等以社区居民为主要服务对象、具有成熟商业模式的企业逐步向社会企业转型。支持社会企业入驻街道（区域）党群服务中心、社会动员中心等，参与地区社会治理相关工作。按照"公益+市场化"理念，支持社会企业参与街道（区域）相关服务管理平台的运营管理。搭建社区和社会企业交流对接平台，通过举办社会企业推介会、社会企业项目进社区等方式，推动社会企业服务项目、产品落地社区。鼓励社区为社会企业参与社区服务管理提供活动场地、宣传等便利条件。使用社区公益金、社区党组织服务群众经费等有重点地支持社会企业开展社区服务	北京市社会建设工作领导小组关于印发《关于促进社会企业发展的意见》的通知（京社领发〔2022〕3号）
北京市昌平区回天地区	1. 孵化培育支持。回天地区搭建社会企业孵化培育平台，依据社会企业发展的不同阶段对接各界资源。采用线上学习与线下培训相结合的形式，全面提升入孵社会企业综合能力。针对入孵社会企业开展一对一创业导师陪伴服务，以及私董会、设计思维等系列主题工作坊等服务，帮助入孵社会企业解决个性化的发展问题。	《昌平区回天地区社会企业认证与扶持试点办法（试行）》（2019年7月31日公布）

地　区	主要支持措施	依　据
北京市昌平区回天地区	2. 办公用房租赁补贴。利用孵化平台为入孵社会企业提供不超过 1 年的免费公共办公空间支持。 3. 人才扶持。对全职在回天地区品牌社会企业工作的高层次专业人才，经区人民政府认定，按照《昌平区支持"昌聚工程"高层次科技人才暂行办法》的有关规定，享受相应的政策支持。依托北京市回天社区公益基金会设置"青年菁英计划"，每年度由区社发中心组织评选不超过 5 名社会创业者，给予一定费用的支持用作个人能力建设，推动社会企业领袖型人才长期发展计划。 4. 政府购买服务。将社会企业纳入政府购买服务范围，与社会组织享有同等参与政府采购的权利。 5. 引入社会影响力投资。依托北京市回天社区公益基金会，鼓励引导各方社会力量通过公益创投、影响力投资等方式，对于符合回天地区社会服务需求范围的社会企业，努力培育回天地区影响力投资生态圈。将优先推荐进入基金会影响力投资体系，支持优秀社会企业和品牌项目做大做强。 6. 行业发展与创新支持。建立支持型平台，鼓励招贤引优，学术研究支持，社会企业标识使用	《昌平区回天地区社会企业认证与扶持试点办法（试行）》（2019 年 7 月 31 日公布）
成都市	1. 放宽社会企业住所（经营场所）登记条件。允许社会企业的住所和经营场所分离登记，实行"一址多照""一照多址"。社会企业可按照《成都市企业集群注册登记管理办法》，以住所托管方式申请企业集群注册。成都自贸区内的社会企业，申请住所（经营场所）登记时，提交住所申报登记承诺书，不再另行提交住所证明材料。	《成都市工商行政管理局关于发挥工商行政管理职能培育社会企业发展的实施意见》（成工商发〔2018〕25 号），《成都市人民政府办公厅关于印发成都市社会企业培育发展管理办法的通知》（成办发〔2021〕90 号），该办法自 2021 年 11 月 25 日起施行，有效期 3 年

地区	主要支持措施	依 据
成都市	2. 放宽社会企业经营范围登记条件。尊重社会企业对其经营范围表述方式、表述内容的个性化需求，允许社会企业参照《国民经济行业分类（GB/T 4754—2017）》自主申报经营范围，对涉及偏、冷、新产业（业态）的，可参照相关行业标准、参考文献或约定俗成的方式予以核定。 3. 放宽社会企业名称登记条件。支持企业在名称中使用能够体现其行业经营特点的创新组织管理形式、创新商业经营模式等表述用语。对获得认定的社会企业，申请人可以使用"社会企业"字样作为企业名称中的经营特点，向登记机关申请名称变更。 4. 推进税务机关纳税信用信息依托成都信用信息系统等平台有序向金融机构共享使用，鼓励银行业金融机构对纳税守信、经营状态良好的社会企业提供"税金贷"等信用金融产品，提升社会企业融资可获得性和便捷性。支持天府（四川）联合股权交易中心股份有限公司探索提供社会企业挂牌展示、融资等资本市场服务。将社会企业纳入新经济发展基金支持范围。 5. 落实财税及行业支持政策，指导各区（市）县因地制宜，以社会企业实际经济贡献作为参照值，安排专项资金，对符合条件的社会企业给予扶持。支持行业主管部门关注社会企业，制定相应的支持政策。对符合条件的中小微社会企业应纳入中小企业成长工程。对科技型、农业创新型或现代服务业社会企业按政策给予支持。	《成都市工商行政管理局关于发挥工商行政管理职能培育社会企业发展的实施意见》（成工商发〔2018〕25号），《成都市人民政府办公厅关于印发成都市社会企业培育发展管理办法的通知》（成办发〔2021〕90号），该办法自2021年11月25日起施行，有效期3年

地区	主要支持措施	依　据
成都市	6. 加大政府购买社会企业产品和服务的力度，鼓励和支持社会企业以市场公平竞争方式参与政府采购。鼓励将社区居民有迫切需求、适合采取市场化方式提供、与保障和改善民生相关领域的政府采购项目面向社会企业公开采购。 7. 加大社会企业的宣传推广，市委宣传部、各区（市）县通过报纸、网站、公交、地铁公益广告位等广泛宣传社会企业。大力弘扬社会企业家精神，设立"成都市社会企业宣传月"，营造有利于社会企业发展的良好社会氛围	《成都市工商行政管理局关于发挥工商行政管理职能培育社会企业发展的实施意见》（成工商发〔2018〕25号），《成都市人民政府办公厅关于印发成都市社会企业培育发展管理办法的通知》（成办发〔2021〕90号），该办法自 2021 年 11 月 25 日起施行，有效期 3 年
成都市郫都区	1. 种子资金支持。设立区级激励种子基金池，对入库的社区社会企业给予 1 万元一次性激励支持，资金用于支持入库社区社会企业发展，可在社区社会企业登记、注册、开办、业务运营时使用。 2. 服务平台支持。以搭建跨界合作网络，提升社区社会企业专业度，推动社区社会企业体系建设，促进社区发展治理融合，激发社区活力为目的，建立区级社区社会企业综合服务平台，为全区社区社会企业提供体系梳理、登记辅导、实务指导、赋能培训、理论研究、政策支持等专业服务，为社区社会企业有效运行营造良好的氛围。 3. 专业智力支持。依托社区社会企业综合服务平台，整合经济、管理、传媒、法律、社会学等专业力量，建立社区社会企业专家资源库，根据社区社会企业发展不同阶段按需开展企业咨询、经营管理、风险防控、模式梳理、资源对接、社区金融等专业服务。	《郫都区社区社会企业培育扶持办法（试行）》

地区	主要支持措施	依 据
成都市郸都区	4. 服务项目支持。社区社会企业可结合社区发展治理专项激励资金支持政策策划实施项目，区级相关职能部门择优评选，对创新能力强、经济社会效益好的项目给予一定的激励资金支持，促进社区社会企业良性发展。 5. 社会企业认定支持。鼓励社区社会企业参与社会企业认定，对首次通过成都市市场监管局（或其认可的机构）认定成为成都市社会企业的，按照《成都市郸都区社会企业培育扶持办法（试行）》（郸社治发〔2019〕8 号）相关政策给予一次性 6 万元支持。对首次通过社会企业行业认定的"社会企业""中国好社企""金牌社企"的，分别给予一次性 2 万元、3 万元、5 万元支持。若同时通过以上两项认定的，以其能享受的较高一项支持为准，不能双重享受	《郸都区社区社会企业培育扶持办法（试行）》
深圳市福田区	1. 支持发行社会影响力债券。按照《深圳市福田区支持金融业发展若干政策》给予债券融资支持。 2. 产品模式和机制创新支持。根据《关于促进福田区金融科技发展的扶持措施（试行）》相关规定，支持有关协会开展社会影响力创新项目评选，并纳入福田区金融科技创新奖的评选范围，评选奖励按有关规定执行。 3. 支持设立社会影响力投资引导子基金。支持专业机构设立以社会服务项目为主要投资方向的专项子基金，按照《深圳市福田区政府投资引导基金管理办法（试行）》规定的程序参与专项子基金，为辖区公益创投领域的企业提供资金支持，经引导基金管委会审核同意后，可对社会影响力子基金投资福田区项目给予适当让利。	《福田区关于打造社会影响力投资高地的扶持办法》，2018 年 3 月 28 日发布，有效期两年

续表

地　区	主要支持措施	依　据
深圳市 福田区	4. 中介组织落户支持。对新迁入或新设立的营业执照或登记证书中明确经营范围为社会影响力投资项目评估、投资服务、机构认证、社会企业服务等业务，并已经开展相关实质性工作的中介组织，给予一次性 5 万元落户支持。每年根据实际情况调整年度支持总额。 5. 责任投资机构支持。对加入联合国"全球契约"的企业、金融机构等给予一次性 5 万元支持，对加入联合国"责任投资原则"的企业、金融机构等给予一次性 10 万元支持，对加入"赤道原则"的金融机构等给予一次性 20 万元支持。每年根据实际情况调整年度支持总额。 6. 支持社会企业发展。对通过认证的社会企业给予一次性 3 万元支持。每年根据实际情况调整年度支持总额。鼓励社会企业申报福田区社会建设专项资金资助项目。 7. 社会企业产业园区建设支持。支持社会力量在福田区建设社会企业产业园，经区政府审核同意，按照项目投资额的30%，一次性给予最高 100 万元的建设支持。主要用于园区环境建设、公共服务、信息化建设等。 8. 园区房租支持。对入驻福田区社会企业产业园区的社会企业等机构给予三年房租支持，按 30 元/平方米/月的标准，在支付上一年度房租后给予支持，同一家机构享受房租支持不超过三年，享受房租支持期间不得转租。 9. 重要活动及论坛支持。对相关企业、金融机构、社会组织和有关中介组织等开展与社会影响力投资直接相关的大型主题论坛等重要活动的，经事前审核和事后会计师事务所审计，按审计金额的50%给予支持，最高不超过 100 万元。主要用于场地、设备租赁和专家嘉宾交通、食宿、酬金等，每个法人每年只享受一次活动资金支持。	《福田区关于打造社会影响力投资高地的扶持办法》，2018 年 3 月 28 日发布，有效期两年

地 区	主要支持措施	依 据
深圳市福田区	10. 学术研究支持。鼓励相关专业机构、专家开展社会影响力投资学术研究。每年安排一定资金，对在社会影响力投资领域具有重要影响，并且对福田社会影响力投资发展具有重要贡献的学术成果给予相应支持。有关支持办法另行制定，经福田区社会建设专项资金领导小组会议审议同意后执行。 11. 创新项目配套支持。对获得国家级、省级、市级专项资金支持的社会影响力创新项目，按其获得资金支持的50%给予配套支持，最高不超过100万元	《福田区关于打造社会影响力投资高地的扶持办法》，2018年3月28日发布，有效期两年
安徽省	1. 支持企业在认定为社会企业后在名称中使用"社会服务"等字样作为经营特点表述。放宽企业住所登记条件，允许其以集群注册方式、住所申报方式办理企业登记。支持社会企业在办公场所、网站平台以及产品包装上规范使用社会企业标识。 2. 鼓励试点市因地制宜，统筹相关资金政策，落实税收优惠政策，对符合条件的社会企业积极给予财税支持。支持行业主管部门关注社会企业，制定相应的支持政策。对科技型、农业创新型或现代服务业社会企业按政策给予支持。 3. 鼓励试点市加大政府购买社会企业产品和服务的力度，鼓励和支持社会企业以市场公平竞争方式参与政府采购。鼓励将社区居民有迫切需求、适合采取市场化方式提供、与保障和改善民生相关领域的政府采购项目面向社会企业公开采购。	《关于印发〈安徽省社会企业认定培育试点管理办法（试行）〉的通知》（皖民慈社字〔2022〕66号）

地区	主要支持措施	依　据
安徽省	4. 鼓励省内高校成立社会企业发展智库，根据社会业不同需求，建立专业导师工作机制，提供政策讲解、党建工作、财务管理、风险评估、社会创业、营销等咨询和服务，培养一批熟悉国际规则、具备国际视野的社会企业家。鼓励职业院校、高技能人才基地、技能大师工作室等单位开展专项培训服务，提升社会企业从业人员专业技能。支持社会企业人才引进，试点市可因地制宜制定政策措施，并依法依规在人才公寓、子女入学、医疗保障等方面给予支持。 5. 加大社会企业的宣传推广，通过报纸、网站、公交、地铁公益广告位等广泛宣传社会企业。大力弘扬社会企业家精神，倡导商业向善，营造有利于社会企业发展的良好社会氛围	《关于印发〈安徽省社会企业认定培育试点管理办法（试行）〉的通知》（皖民慈社字〔2022〕66号）
安徽省芜湖市	1. 放宽芜湖市社会企业名称变更登记条件，支持其在认定为社会企业后名称中使用"社会服务"字样作为经营特点表述。放宽企业住所登记条件，允许其以集群注册方式、住所申报方式办理企业登记。支持芜湖市社会企业在办公场所、网站平台以及产品包装上规范使用社会企业标识。 2. 落实税收优惠政策，对符合条件的社会企业积极给予财税支持。支持行业主管部门关注社会企业，制定相应的支持政策。对科技型、农业创新型或现代服务业社会企业按政策给予支持。 3. 加大政府购买社会企业产品和服务的力度，鼓励和支持社会企业以市场公平竞争方式参与政府采购。鼓励将社区居民有迫切需求、适合采取市场化方式提供、与保障和改善民生相关领域的政府采购项目面向社会企业公开采购。 4. 加大社会企业的宣传推广，各县市区可通过报纸、网站、公交、轨道交通公益广告位等广泛宣传社会企业。大力弘扬社会企业家精神，倡导商业向善，营造有利于社会企业发展的良好社会氛围	《关于印发〈芜湖市社会企业认定培育试点管理办法（试行）〉的通知》（民慈〔2023〕73号）

地区	主要支持措施	依 据
佛山市顺德区	1. 符合区扶持公益创新种子资金使用规定的，可申请资助，具体参照《顺德区扶持公益创新种子资金管理暂行办法》（顺保发〔2013〕77号）执行。 2. 符合风险审查和提供相应担保措施的前提下，可申请区企业创新扶持资金的支持和享有政策性融资担保，具体参照《顺德区促进产业转型发展资金管理办法》（顺经发〔2014〕332号）《顺德区创新扶持资金管理办法》（顺经发〔2015〕393号）执行。 3. 符合残疾人就业保障金使用及实施细则相关条件的前提下，可申领资助。具体参照《顺德区残疾人就业保障金使用管理暂行办法》（顺府办发〔2012〕57号）执行。 4. 推动社会投资。以举办社会企业项目对接会等方式，建立投资机构与社会企业顺利对接机制，引导企业、基金会公益慈善组织和社会精英以捐助、投资、创办等多种形式参与社会企业项目，为社会企业提供资金支持。 5. 促进社会购买。引导各界优先采购社会企业的产品、服务，提倡公共服务购买政策向社会企业倾斜。 6. 开展结对帮扶。根据社会企业的需求，配对来自商界或专业界别的义务导师，与初创期社会企业建立结对帮扶的工作机制，提供政策讲解、风险评估、社会创业、产品营销等咨询和顾问服务。 7. 建立人才培训机制。开展社会企业人才培养活动，系统提升社会企业经营者和业务骨干管理能力，并推荐符合条件的社会企业参加顺德龙腾星光研修班，依托中介培训机构辅助社会企业开展各类创业培训和专业技师、岗位技能培训。 8. 搭建项目、人才、资本、载体的资源对接平台孵化社会企业支持型机构，推动政府、社会组织、商业企业与社会企业之间的沟通和协作。	《顺德区社会创新中心关于印发〈顺德区社会企业培育孵化支援计划（修订稿）〉的通知》（顺社创〔2016〕10号）

地区	主要支持措施	依 据
佛山市顺德区	9. 加强宣传推广。设立社会企业项目展示平台、举办社企论坛、向国内外推介顺德社会企业。倡导区内各类公益企业荣誉表彰制度向社会企业开放,并推荐合适的社会企业参与	《顺德区社会创新中心关于印发〈顺德区社会企业培育孵化支援计划(修订稿)〉的通知》(顺社创〔2016〕10号)

由表 3-1 可知,我国目前各地专门针对社会企业的支持主要体现在以下六个方面:(1)金融支持,符合条件的社会企业可享有政策性融资担保;(2)政府购买服务,与社会组织享有同等参与政府采购的权利;(3)社会企业孵化及后续能力建设支持,孵化期间无偿或低租金提供办公场所,培训,对接资源等,后续根据不同的发展阶段按需提供咨询、资源对接等服务;(4)放宽对以企业形式注册的社会企业的登记管理,包括允许社会企业的住所和经营场所分离登记、放宽社会企业经营范围登记条件、允许在社会企业的名称中使用"社会企业"字样作为企业名称中的经营特点;(5)财政补助,安排财政专项资金对符合条件的社会企业、在社会企业工作的高层次专业人才,以及为社会企业提供服务和投资的机构予以支持;(6)多渠道宣传推广社会企业。

需要说明的是,由于我国税收优惠的决策权在中央一级,中央一级目前尚未有社会企业的认定,因此实际上我国并未存在针对社会企业的税收优惠政策,现有的各地社会企业扶持政策中提及的税收优惠支持实际上是社会企业以其他身份享有,比如以社会组织或农民专业合作社的身份享有。

除各地专门针对社会企业的支持措施外,以非营利组织和农民专业合作社组织形式存在的社会企业，也同时会享受到我国对非营利组织和农民专业合作社的支持措施，这些措施主要包括税收优惠、财政补助、政府购买服务等。具体如下：

第一，在对非营利组织的税收支持措施方面，主要包括对非营利组织自身的税收优惠和对捐赠者的优惠。根据《中华人民共和国企业所得税法》，符合条件的非营利组织的收入为免税收入，该等收入主要指的是财政拨款及其他政府补助收入、会费收入、接受其他单位和个人的捐赠收入，以及前述收入孳生的银行存款利息收入。具备免税资格的非营利组织须符合的条件规定在《关于非营利组织免税资格认定管理有关问题的通知》（财税〔2018〕13号）中。其条件具体包括：（1）依照国家有关法律法规设立或登记的事业单位、社会团体、基金会、社会服务机构、宗教活动场所、宗教院校以及财政部、税务总局认定的其他非营利组织；（2）从事公益性或者非营利性活动；（3）取得的收入除用于与该组织有关的、合理的支出外，全部用于登记核定或者章程规定的公益性或者非营利性事业；（4）财产及其孳息不用于分配，但不包括合理的工资薪金支出；（5）按照登记核定或者章程规定，该组织注销后的剩余财产用于公益性或者非营利性目的，或者由登记管理机关采取转赠给与该组织性质、宗旨相同的组织等处置方式，并向社会公告；（6）投入人对投入该组织的财产不保留或者享有任何财产权利，投入人是指除各级人民政府及其部门外的法人、自然人和其他组织；（7）工作人员工资福利开支控制在规定的比例内，不变相分配该组织的财产，其中：工作人员平均工资薪金水平不得超过税务登记所在地的地市级（含地市级）以上地区的同行业同类组织平均工资水平的两倍，工作人员福利按照国家有关规定执行；（8）对取得的应纳税收入及其有关的成本、费用、损失应与免税收入及其有关的成本、费用、损失分别核算。此外，根据《中华人民共和国增值税暂行条例》，下列项目免征增值税：直接用于科学研究、科学实验和教学进口的仪器、设备；外国政府、国际组织无偿援助的进口物资和设备；由残疾人的组织直接进口供残疾人专用的物品。上述这些项目都经常与非营利组织相关。根据《中华人民共和国契税法》第6条第1款第1、2项的规定：社会团体承受土地、房屋权属用于办公、教学、医疗、科研设施的，免征契税；非营利性的学校、医疗机构、社会福利机构承受土地、房屋权属用于办公、教学、医疗、科研、养老、救助的，免征契税。根据《中华人民共和国房产税暂行条例》，非营利组织自用的房产，免征房产税。此外，符合条件的非营利组织自用的土地依照《中华人民共和国城镇土地使用税暂行条例》第6条第（1）项以及《财政部国家税务总局关于城镇土地使用税若干具体问题的解释和暂行规定》等规范性文件的规定，免征城镇土地使用税。针对捐助者的税收优惠措施之法律依据主要是《中华人民共和国企业所得税法》第9条、《中华人民共和国个人所得税法》第6条第3款的规定。根据该等规定，企业发生的公益性捐赠支出，在年度利润总额12%以内的部分，准予在计算应纳税所得额时扣除，超过年度利润总额12%的部分，准予结转以后三年内在计算应纳税所得额时扣除；个人将其所得对教育、扶贫、济困等公益慈善事业进行捐赠，捐赠额未超过纳税人申报的应纳税所得额

30%的部分，可以从其应纳税所得额中扣除。而前述的公益性捐赠需捐赠给符合《财政部、税务总局、民政部关于公益性捐赠税前扣除有关事项的公告》（财政部公告2020年第27号）规定条件的公益性组织，也就是企业和个人需要向具有公益性捐赠税前扣除资格的非营利组织捐赠才可以享受上述抵扣待遇。

第二，对农民专业合作社专门的税收优惠措施主要体现在《财政部、国家税务总局关于农民专业合作社有关税收政策的通知》（财税〔2008〕81号）中。根据该通知的规定，对农民专业合作社销售本社成员生产的农业产品，视同农业生产者销售自产农业产品免征增值税；增值税一般纳税人从农民专业合作社购进的免税农业产品，可按13%的扣除率计算抵扣增值税进项税额；对农民专业合作社向本社成员销售的农膜、种子、种苗、农药、农机，免征增值税；对农民专业合作社与本社成员签订的农业产品和农业生产资料购销合同，免征印花税。除上述专门的税收优惠外，农民专业合作社如果从事下列活动的，也会依法享有税收优惠。根据《企业所得税法》第27条第1项及其《实施条例》第86条的规定：企业从事下列项目的所得，免征企业所得税：（1）蔬菜、谷物、薯类、油料、豆类、棉花、麻类、糖料、水果、坚果的种植；（2）农作物新品种的选育；（3）中药材的种植；（4）林木的培育和种植；（5）牲畜、家禽的饲养；（6）林产品的采集；（7）灌溉、农产品初加工、兽医、农技推广、农机作业和维修等农、林、牧、渔服务业项目；（8）远洋捕捞。企业从事下列项目的所得，减半征收企业所得税：（1）花卉、茶以及其他饮料作物和香料作物的种植；

（2）海水养殖、内陆养殖。《中华人民共和国契税法》第6条第1款第3项规定，承受荒山、荒地、荒滩土地使用权用于农、林、牧、渔业生产的，免征契税。依照《中华人民共和国城镇土地使用税暂行条例》第6条第5项的规定，直接用于农、林、牧、渔业的生产用地，免缴城镇土地使用税。而上述这些项目或活动，往往就是农民专业合作社从事的项目或活动，当农民专业合作社从事这些项目或活动时，就可以依法享受免征或减半征收企业所得税、免征契税或城镇土地使用税的税收优惠。

　　第三，在对非营利组织的直接财政补助方面：由于非营利组织实际上承担了一些本应由政府承担的公益服务，而且我国有不少非营利组织带有官方或半官方的色彩，在很大程度上扮演着政府代理人的角色，因此政府对非营利组织直接进行财政补助也就可以理解了。2012年，财政部、民政部印发《中央财政支持社会组织参与社会服务项目资金使用管理办法》（以下简称《管理办法》），就中央财政支持社会组织（非营利组织，本书的非营利组织和社会组织为同一概念，可替代使用，下同）参与社会服务项目资金的使用管理进行了规定。其中明确中央财政支持社会组织参与社会服务项目资金是指中央财政通过民政部部门预算安排的专项用于支持社会组织参与社会服务的补助资金。该《管理办法》第4条还明确规定："项目资金用于以下方面：（一）发展示范项目：资助西部地区困难社会组织必要的服务设备购置和服务设施完善等，支持其提高经费保障水平，改善服务条件，增强开展公益慈善项目的能力。（二）承接社会服务试点项目：资助规模较大、职能重要的全国性社会组织和具有较强区域辐射功能的社会组织承接社会救助、扶贫救灾、社会福利、社区服务等方面的社会服务。（三）社会工作服务示范项目：资助符合条件的社会组织重点围绕城市流动人口、农村留守儿童、社区老年人、社区矫正人员、受灾群众等特殊群体的需求，开展困难救助、心理辅导、综合性社会支持网络构建等社会服务。（四）人员培训示范项目：对社会组织负责人、业务工作人员进行法律法规、项目运作、业务技能、专业知识等方面的培训。（五）根据社会管理工作需要，财政部、民政部确定的其他示范项目。（六）项目评审、招投标、宣传、评估、研讨等方面支出。"此后的2013—2018年，中央财政通过民政部部门预算安排的专项用于支持社会组织参与社会服务的补助资金每年均在2亿元左右。❶

第四，在对农民专业合作社的直接财政补助方面，《中华人民共和国农民专业合作社法》第65条规定："中央和地方财政应当分别安排资金，支持农民专业合作社开展信息、培训、农产品标准与认证、农业生产基础设施建设、市场营销和技术推广等服务。"实践中，中央财政亦对农民专业合作社给予了各种维度的扶持，如2003—2010年，中央财政就累计安排专项资金超过18亿元，主要用于扶持农民专业合作社增强服务功能和自我发展能力。❷2010年之后，中央财政继续拨付专项资金扶持农民专业合作社增强服务功能和自我发展能力。如根据《江西省农业农村厅关于印发2022

---

❶ 数据来源于民政部办公厅关于2013—2018年每年印发的年度中央财政支持社会组织参与社会服务项目实施方案。

❷ 农业部：我国农民专业合作社发展实现量增质升［EB/OL］.［2024-03-16］. https://www.gov.cn/gzdt/2010-12/09/content_1762520.htm.

年中央财政支持农民合作社、家庭农场和农业生产托管等 3 个项目实施方案的通知》（赣农规计字〔2022〕33 号），中央财政就专门拨付资金支持农民合作社发展项目，包括支持国家级农民合作社示范社，每家 20 万元；支持省级农民合作社示范社，每家 10 万元；支持项目的内容包括：（1）发展生产改善基础设施建设。购置农产品加工、分级、储存、运销设备，引进良种和推广实用技术，建设标准化生产基地。（2）成员教育培训。开展互助合作知识培训、法律宣传和培训、生产加工技术和市场营销知识培训等。（3）组织实施农业标准化生产。统一生产技术标准，建立健全农产品质量安全体系。（4）开展农产品质量标准与认证。支持合作社开展无公害农产品、绿色食品、有机食品认证或地理标识认证，鼓励合作社争创国家级和省级著名商标品牌称号。（5）市场营销和农业技术推广。支持农民合作社推广使用农业新技术、新品种；开展农产品展示展销活动、在城市设立销售窗口和"农超对接"、产品打入国际市场，出口创汇。

2023 年 4 月，财政部、农业农村部发布《农业经营主体能力提升资金管理办法》，其中指出，农业经营主体能力提升资金是指中央财政安排用于新型农业经营主体生产经营能力提升、技术推广和人才培育等的共同财政事权转移支付资金。农业经营主体能力提升资金支出范围包括六个方面，其中两个与农民专业合作社直接相关：（1）新型农业经营主体培育支出。主要用于支持符合条件的农民专业合作社、家庭农场等新型农业经营主体改善生产设施条件，提升内部管理和生产经营能力，应用先进适用技术，发展生态低碳农业，加强品牌营销和指导服务等方面。（2）农业社会化服务支出。主要用于支持符合条件的农村集体经济组织、农民专业合作社、农业服务专业户、农业服务类企业、供销合作社等开展农业社会化服务。农业经营主体能力提升资金可以采取直接补助、先建后补、以奖代补、担保补助、资产折股量化、贷款贴息等支持方式。除了中央财政的补助外，一些地方政府也出台法规或政策对农民专业合作社进行财政补助，比如山东省人大常委会早在 2010 年就出台了《山东省农民专业合作社条例》，其中第 38 条就明确规定："县级以上人民政府应当设立农民专业合作社专项扶持资金，并采取直接补助、贷款贴息等方式，支持农民专业合作社开展信息咨询、培训、农产品质量标准与认证、农业生产基础设施建设、市场营销和技术推广等服务。"重庆市人大常委会于 2011 年通过并于 2022 年修订的《重庆市实施〈中华人民共和国农民专业合作社法〉办法》第 20 条规定："市、区县（自治县）人民政府应当在政府预算中安排资金，支持农民专业合作社示范社建设、质量提升，支持农民专业合作社开展信息、培训、农产品标准与认证、农产品加工、农业基础设施建设、市场营销和技术推广等服务。对革命老区、民族地区、边远地区的农民专业合作社以及生产国家与社会急需的重要农产品的农民专业合作社，应当给予优先扶持。市、区县（自治县）人民政府应当对农民专业合作社贷款给予财政贴息，对参加农业保险的农民专业合作社给予保费补贴。"

第五，在通过政府购买服务支持非营利组织方面，2014年财政部、民政部出台《关于支持和规范社会组织承接政府购买服务的通知》（财综〔2014〕87 号），提出要加大对社会组织承接政府购买服务的支持力度，在购买民生保障、社会治理、行业管理等公共服务项目时，同等条件下优先向社会组织购买。在民生保障领域，重点购买社会事业、社会福利、社会救助等服务项目。2016 年财政部、民政部颁布《关于通过政府购买服务支持社会组织培育发展的指导意见》（财综〔2016〕54 号），进一步提出要为社会组织发展创造良好环境，凡适合社会组织提供的公共服务，尽可能交由社会组织承担；鼓励各级政府部门同等条件下优先向社会组织购买民生保障、社会治理、行业管理、公益慈善等领域的公共服务；其中更是明确，政府新增公共服务支出通过政府购买服务安排的部分，向社会组织购买的比例原则上不低于 30%。

第六，在通过政府购买服务支持农民专业合作社发展方面，2010 年，农业部会同发展改革委、财政部、科技部、水利部、商务部、国家林业局等 7 部门印发《关于支持有条件的农民专业合作社承担国家有关涉农项目的意见》（农经发〔2010〕6 号），明确适合合作社承担的国家涉农项目，都要将合作社纳入申报范围。支持农民专业合作社承担的涉农项目主要包括：支持农业生产、农业基础设施建设、农业装备保障能力建设和农村社会事业发展的有关财政资金项目和中央预算内投资项目。凡适合农民专业合作社承担的，均应积极支持有条件的农民专业合作社承担。

四、结　语

从上述分析可知，虽然我国目前中央一级尚无立法或其他规范性文件使用"社会企业"这一名称，但应该说我国已经初步构建了社会企业生态系统，尤其是 2021 年全国"两会"期间，民建中央提交了关于发展社会企业的党派提案，这更是在政治层面提高了社会企业的可见度和认可度。社会企业生态系统的初步构建，将为社会企业今后在中国的顺利发展打下坚实的基础。

第三节　基于组织生态学视角的中国社会企业发展策略

社会企业在我国已存在三十年左右的时间，发展情况究竟怎样？由于社会企业这一概念尚未得到我国中央层面的承认，社会企业的相关官方统计数据处于空白状态，但我们从民办非企业单位的相关发展数据可以窥知一二。截至 2023 年年底，我国登记的民办非企业单位（社会服务机构）49.9 万家，[1] 2015 年民办非企业单位职工人数 3 421 015 人[2]，占当年全国就业人数的 0.44%；一项由南都公益基金会委托开展的调研结果显示，2016 年民办非企业单位（社会服务机构）增加值为 2272 亿元，[3] 占当年国内生产总值的 0.31%。相比之下，2014 年法国包括 20 万家社会企业在内的社会和团结经济贡献了 10% 的 GDP 和 238 万个工作岗位，2008—2014 年，

---

[1]　民政部.2023 年 4 季度民政统计数据［EB/OL］.［2024-04-08］. https：//www. mca. gov. cn/mzsj/tjsj/2023/202304tjsj. html.

[2]　国家统计局网站，http：//data. stats. gov. cn/easyquery. htm? cn = C01。目前相关数据仅更新至 2015 年。

[3]　杨百会. 社会组织价值几何？［J］. 中国慈善家，2018（8）：28-31.

意大利、比利时和法国的社会企业雇佣率分别上升 20%、12% 和 0.8%，而同时期主流或私营企业的雇佣率是下降的。❶ 虽然民办非企业单位并不能代表中国社会企业的整体，但由于民办非企业单位得到官方认可的时间最早，因此其数据仍具有一定代表性。从上述数据来看，我国社会企业在产值和就业提供能力上与社会企业发展较好的国家相比尚存在较大差距。究其根本原因，笔者认为是社会企业作为整体尚未被合法化，也就是尚未建立起与关键制度的关系。因此，未来中国社会企业的发展，关键在于建立社会企业与关键制度之间的关系并提升该等关系的密度，而社会企业和政府是建立该等关系和提升该等关系密度的关键主体。

一、社会企业：提升资源拼凑能力

列维-斯特劳斯（Lévi-Strauss）首次在人类学研究中提出"资源拼凑"（bricolage）的概念。他认为这是应对资源短缺的一种新机制。❷ 贝克（Baker）等最早将"拼凑"概念引入创业研究领域，并提出资源拼凑是组织通过将手头的资源组合应用于新的问题和机会。❸ 我国学者田雪莹将资源拼

---

❶ OECD and European Commission. Boosting Social Enterprise Development: Good Practice Compendium [EB/OL]. [2024 - 08 - 12]. https://www.oecd - ili-brary.org/industry - and - services/boosting - social - enterprise - development _ 9789264268500-en.

❷ 克劳德·列维-斯特劳斯. 野性思维：导读注释版 [M]. 华先发，注释. 上海：上海译文出版社，2020：28-30.

❸ T. Baker, R. E. Nelson. Creating Something from Nothing: Resource Con-struction through Entrepreneurial Bricolage [J]. Administrative Science Quarterly, 2005, 50 (3)：329-366.

凑定义为创业者或企业为了应对新机会或挑战，创造性地利用手头资源的行为，并划分为三个维度：投入拼凑、顾客拼凑和制度拼凑。投入拼凑指对那些在原材料、劳动和技能领域没有被充分利用或被低估的手头资源加以利用，包括将那些破旧的、废弃的、被视为单一用途的原材料转化为生产要素，免费使用顾客、供应商等利益相关者的劳动，将业余爱好和自学技能运用在工作中；顾客拼凑指对那些行业中不被重视或忽视市场的开发，这种市场上的顾客可能因为贫穷或节俭而对企业缺少吸引力；制度拼凑则是面向未知或既有规则阻碍的领域，利用手头上的资源另辟蹊径，创新解决方法。较强的资源拼凑能力有助于社会企业获得良好的经济绩效，促使组织的创新能力提升，进而完成社会使命。她认为：缺少支持性规则与政策是导致中国社会企业数量较少的原因之一，因此，从资源获取角度出发，我国当前社会创业活动的低规制水平，使得企业资源拼凑能力的重要性更加突出，即在政府关注度较低、政策支持力度较小的情况下，社会企业在尝试获取资源时会面临诸多阻碍，不得不寻找其他渠道以收集和运用那些没有被充分利用或被低估的手头资源、尽力开发那些不被重视或忽视的市场、打破既有的制度阻碍，由此拥有更强的边缘生存能力，获得较好的企业绩效。认知合法性体现社会公众对组织的接纳与认同程度。企业生存于社会之中，其生产经营活动必然会受到各利益相关者的制约和影响。社会企业因兼具经济和社会双重使命，其从事的业务活动会受到利益相关者的更多关注。利益相关者认知水平的高低会影响社会企业资源拼凑对其成长绩效的作用程度。当公众认知水平较低时，社会企业资源拼凑能力的重要性较为突出。当公众对社会企业的关注、接纳和支持程度较低时，社会企业的声誉和影响力难以建构，必然会减少其获得资源的机会，其成长因而会面临更大的阻力。因此，社会企业不得不寻求其他获得资源的方法，诸如多渠道搜寻和更充分地运用那些没有被充分利用或被低估的手头资源、尽力开发那些不被重视或忽视的市场、突破认知障碍，以此获得经济绩效和社会绩效的提升。她还通过实证分析得出：投入拼凑、顾客拼凑和制度拼凑均对社会绩效和经济产生显著的正向影响。这一结果表明，在资源约束的条件下，提升资源拼凑能力是社会企业生存和成长的重要方式。❶

当前我国的社会企业正面临社会公众认知水平低，在中央政府及绝大部分地方政府层面均未获得合法性地位的局面，因此社会企业提升自身的资源拼凑能力，对于社会企业的未来发展极为关键。

二、政府：建立有利于社会企业发展的政策生态系统

经合组织（OECD）和欧盟委员会在 2017 年联合发布的一篇报告中提出了建立有利于社会企业发展的政策生态系统的八大关键点，包括：（1）提高社会企业的公知度和可见度，消除对社会企业的不正确认识；（2）建立战略和多元利益相关方的合作机制；（3）培育可生存及可持续的社会企业；（4）为财务支持者提供风险分担机制；（5）在教育体系内培育社会企业家技能；（6）促进影响力的测量与评估；

---

❶ 田雪莹．中国社会企业发展初探［M］．长春：吉林大学出版社，2021：77-111.

（7）建立用户友好型的行政程序；（8）确保为社会企业提供制度连续性和政治支持。❶有国内学者总结了立法支持、战略规划、财政支持、税收优惠、社会投资、网络支持、认证支持、能力建设、宣传推广、公共采购共十种政府支持社会企业的政策工具箱。❷

在借鉴经合组织（OECD）和欧盟委员会上述报告中提到的社会企业发展的政策生态系统的八大关键点的基础上，结合我国实际，笔者认为，政府要建立有利于社会企业发展的政策生态系统，主要应从如下几个方面着手。

（一）在中央层面赋予社会企业合法身份

根据笔者的不完全统计，自 2011 年 6 月《中共北京市委关于加强和创新社会管理全面推进社会建设的意见》首次在地方规范性文件中提及"社会企业"这一概念以来，截至 2024 年 4 月已有约 40 个省或市在其规范性文件中使用"社会企业"这一概念，但除成都等个别地方外，❸上述地方规范性文件基本上仅限于提及这一概念，并未对什么是社会企业予以界定，更未对如何发展社会企业予以着墨，因此还谈

❶ OECD and European Commission. Boosting Social Enterprise Development: Good Practice Compendium [EB/OL]. [2024 - 08 - 12]. https://www.oecd - ili-brary.org/industry - and - services/boosting - social - enterprise - development _ 9789264268500 - en.

❷ 李健. 政策设计与社会企业发展——基于 30 个国家案例的定性比较分析 [J]. 理论探索, 2018 (2): 32-38.

❸ 2018 年 4 月出台的《成都市人民政府办公厅关于培育社会企业促进社区发展治理的意见》是据笔者所知目前为止最早对社会企业的概念及支持措施作出较为具体规定的地方规范性文件。

不上赋予社会企业一个合法身份。社会企业这一概念目前在我国主要还仅限于在学界和慈善界使用，公众知晓度较低，这与我国中央层面尚未赋予其一个合法身份有关。

赋予社会企业一个独特的法律身份有如下好处：（1）可以让社会企业非常明确地被识别为一个具有额外目的的企业，例如税收或公共采购；（2）为社会企业设计特别的公共政策以便支持其发展；（3）设置社会企业与其他企业类型的清晰边界，保护社会企业的利益相关者，防止设立和运营一个"错误的"社会企业；（4）收集关于社会企业的官方统计数字，以便提高他们的社会认知度。❶ 正因如此，世界各国和各地区也开始关注社会企业的立法工作。如今，27 个欧盟成员国中有 21 个至少制定了一部关于这一主体的法律。❷ 韩国 2007 年制定的《社会企业育成法》极大地促进了韩国社会企业的建设，截至 2021 年 12 月，韩国的社会企业已达 3215 家。❸ 英国自 2005 年制定《社区利益公司条例》以来，

---

❶ Antonio FICI. A European Statute for Social and Solidarity‐Based Enterprise, 2017, European Parliament's Committee on Legal Affairs and commissioned, overseen and published by the Policy Department for Citizens' Rights and Constitutional Affairs [EB/OL]. [2018‐05‐27]. http：//www. europarl. europa. eu/supporting‐analyses.

❷ Henry Peter, Carlos Vargas Vasserot, Jaime Alcalde Silva. The International Handbook of Social Enterprise Law：Benefit Corporations and Other Purpose‐Driven Companies [M/OL]. Springer Nature, 2023 [2024‐08‐12]：153‐171. https：//link. springer. com/book/10. 1007/978‐3‐031‐14216‐1.

❸ Korea Social Enterprise PromotionAgency（韩国社会企业振兴院）. 2021 Korea Social Economy [EB/OL]. [2024‐08‐12]. https：//www. socialenterprise. or. kr/_engsocial/? m_cd = 0401.

截至 2023 年 3 月底,已注册的社区利益公司有 28 878 家。❶
在美国,自马里兰州于 2010 年首次通过第一部关于共益公
司(Benefit Corporation)的法律以来,截至 2020 年 11 月底,
已经有 36 个州通过了相关共益公司的法律,另有 4 个州正
在进行相关立法工作。❷

　　在我国,对社会企业的身份界定会涉及国家现行立法的
解释甚至修改,对社会企业的支持也需要各部门和各地方政
府的支持,因此地方规范性文件甚至地方立法都无法担此重
任,唯有中央政府甚至是国家立法机关方可胜任。当前我国
正处于经济和社会的重要转型时期,"精准扶贫"等一系列
国家战略相继实施,同时,新兴的社会企业家与学界相关人
士通过举办论坛、组建相关联盟、发表研究报告、出版专著
和发表学术论文、鼓励社会企业认证等方式进行政策倡导,
而前期地方层面的实践也为中央提供了经验的借鉴,2021 年
全国"两会"期间,民建中央提交了关于发展社会企业的党
派提案,因此笔者认为,中央层面为社会企业赋予合法身份
的机会之窗已经打开。在赋予社会企业合法身份的实施步骤
上,由于如何认定社会企业尚未达成较为统一的认识,故不
宜立即出台位阶较高的立法,以避免今后修改程序的烦琐

---

❶ Regulator of Community Interest Companies Annual Report 2022–2023 [EB/
OL].[2024 - 08 - 12]. https://assets.publishing.service.gov.uk/media/
65842aa7ed3c3400133bfd1e/cic-23-02-community-interest-companies-annual-re-
port-2022-2023.pdf.

❷ Henry Peter, Carlos Vargas Vasserot, Jaime Alcalde Silva. The International
Handbook of Social Enterprise Law: Benefit Corporations and Other Purpose-Driven
Companies [M/OL]. Springer Nature, 2023 [2024-08-12]: 153-171. https://
link.springer.com/book/10.1007/978-3-031-14216-1.

性，可以先由国务院出台规范性文件，在借鉴已经出台的地方规范性文件以及中国慈展会等机构之社会企业认证经验的基础上，对社会企业予以界定并授权国家市场监督管理总局和民政部共同落实社会企业的认证事宜，待时机成熟时国务院可再视情况进一步制定支持和规范社会企业发展的行政法规。

（二）拓宽社会企业的生态位

拓宽社会企业的生态位，也就是要提高社会企业赖以生存和发展的资源的丰富度和多样性。而拓宽社会企业的生态位，最关键的是政府的支持。虽然如本书前文"中国社会企业的现状——中国社会企业生态系统的初步构建"部分所述，我国一些地方政府如成都市、深圳市福田区、佛山市顺德区等地政府或政府部门/机构出台了专门支持社会企业的政策，但由于我国中央层面尚未承认社会企业，因此与其他一些国家和地区相比，对社会企业的政府支持显得非常欠缺，故有必要了解境外其他国家和地区的一些有益经验，以供未来我国借鉴之用。

不同国家或地区对社会企业的扶持措施各不相同，以下是目前其他国家和地区一些常见的扶持措施。❶

---

❶ 此部分涉及欧盟国家的支持措施，如无特别说明，均引自 EU-RICSE. Social enterprises and their ecosystems in Europe‒comparative synthesis report（2020）［EB/OL］.（2020‒01‒01）［2023‒05‒18］. https：//ec. europa. eu/social/main. jsp? advSearchKey = Social + enterprises + and + their + ecosystems + in + Europe&mode = advancedSubmit&catId = 22&doc_submit = &policyArea = 0&policyArea-Sub = 0&country = 0&year = 0.

1. 税收方面的支持措施

（1）对社会企业本身的税收优惠。

一些国家为社会企业提供减免企业所得税、增值税或其他税种的优惠政策。最普遍的优惠措施是企业所得税优惠，但不同国家力度不同，有些国家的免税是完全免税，适用于所有留存利润，而另一些国家则有各种限制。例如，在比利时，纳入资产锁定计划的工作整合型社会企业的利润可享受部分减税；而在意大利，根据新的《第三部门改革法》，社会企业可享受全额减税，而社会合作社必须为强制性留存利润的 3% 支付公司税；在拉脱维亚，具有社会企业地位的有限责任公司，如果将其利润再投资于企业和/或社会目标，则 100% 免征企业所得税。

有一项不太普遍但令人感兴趣的福利是，不仅根据所提供的服务，而且根据法律地位，免除或降低增值税税率。比如，在丹麦，具有公益地位的社会企业可以适用 7% 的增值税低税率，而不是 19% 的正常税率。❶ 意大利的 A 型社会合作社的增值税税率为 5%；在拉脱维亚，如果社会企业提供社会护理、专业和社会康复、社会援助和社会工作服务，或者经济活动的年营业额低于 4000 欧元，则无须缴纳增值税。

除企业所得税和增值税外，有些国家还存在其他方面的税务优惠措施。比如，在拉脱维亚，工作整合型社会企业在雇主和雇员的社会保险缴款方面可以获得税收减免。

---

❶ OECD. Designing Legal Frameworks for Social Enterprises: Practical Guidance for Policy Makers, Local Economic and Employment Development（LEED）[M/OL]. Paris: OECD Publishing, 2022 [2024 - 08 - 12]. https: //doi. org/10. 1787/172b60b2 - en.

（2）对捐赠者或投资者的税收优惠。

有些国家规定，对社会企业的捐赠行为可以享受税收抵免或减免。例如，在意大利，受支持的公益组织提供捐赠收据，确保单次捐赠的公司税基减少20%，永久捐赠的公司税基再减少20%。此外，个人捐赠可从个人收入中扣除。出于公益目的的商品和服务捐赠也可享受增值税免税。在保加利亚，如果机构捐赠者向注册的社会企业捐赠，则可获得高达利润10%的减税。英国正在实施社会投资税收减免，通过减免当年投资所得税的30%，使那些投资于社会企业的人受益。在泰国，公司和法律合作伙伴投资社会企业，可以获得投资于社会企业金额100%的企业所得税减免，公司和法律合作伙伴给社会企业捐赠金钱或财产的，可以享受高达2%的企业所得税减免。❶

2. 财政方面的支持

有些国家和地区的政府会直接给予社会企业以财政资金的支持。例如，截至2014年年底，我国香港特别行政区政府通过"创业展才能""伙伴倡自强""活化历史建筑伙伴计划""社会创新及创业发展基金（社创基金）"等方案，累计资助了约10亿港元用于推动社会企业发展。在香港特区，有50%的社会企业的启动资金来自政府的资助。❷有学者梳理了采取财政支持政策的国家和地区，发现在其调查的32个国家和地区中，有24个国家和地区采取了财政支持，

---

❶ 李健. 社会企业政策：国际经验与中国选择 [M]. 北京：社会科学文献出版社，2018：104，218.

❷ 李健. 社会企业政策：国际经验与中国选择 [M]. 北京：社会科学文献出版社，2018：179.

包括爱尔兰、希腊、斯洛伐克、比利时、法国、立陶宛、葡萄牙、马耳他、芬兰、爱尔兰、丹麦、美国、韩国、日本、新加坡、中国香港特区、中国台湾地区、英国、南非、意大利、斯洛文尼亚、波兰、匈牙利和捷克。其中,大多数国家和地区提供直接财政资金的资助,建立基金对社会企业进行项目补助是比较常见的形式之一,比如爱尔兰、马耳他、丹麦、斯洛文尼亚、英国、匈牙利、捷克、克罗地亚、美国、新加坡、中国香港特区、日本和南非。法国选择对欧盟发起的社会企业项目进行资金配比,而不是单独发起。而对社会企业的间接财政支持,往往与工作一体化企业的概念相联系,其中大部分情况下包括工资补贴。斯洛伐克是典型的提供间接财政支持的国家,斯洛伐克对雇用弱势群体求职者进行工资补贴,给予公民社会组织(包括一些社会企业)的国家资金由财政部从博彩收入中提供,类似对工资进行补贴的国家还有比利时、芬兰、意大利和韩国。很多国家、地区因为社会企业类型比较多元,会同时开展直接机构资助和间接的员工工资补贴,比如波兰、葡萄牙和中国台湾地区。❶

3. 金融/融资方面的支持措施

金融/融资方面的支持,主要包括政府为社会企业提供低息或无息贷款,政府设立风险投资基金,为社会企业提供资金支持,以及某些国家或地区设立专门的社会投资银行,为社会企业提供融资和投资服务。另外还有发行社会影响力投资债券及设立社会证券交易所等。

---

❶ 李健. 社会企业政策:国际经验与中国选择 [M]. 北京:社会科学文献出版社,2018:258-259.

　　一些国家或地区政府会设立公共风险投资基金。他们希望通过对被投资公司进行的长期资本增值来实现有吸引力的风险调整后的回报。例如，印度的马哈拉施特拉邦社会风险基金，旨在通过投资于初创企业、早期和成长期资本，主要投资于能为马哈拉施特拉邦增加经济、社会或环境价值的中型企业，从而产生丰厚的回报。

　　对给予社会企业贷款的贷款机构，也存在支持措施。例如，英国的社区发展金融机构（Community Development Finance Institutions，CDFIs）为社会企业提供包括贷款在内的各种服务，而政府则为选择投资 CDFIs 的纳税投资者提供每年 5% 的减免，最高达 25%。❶ 又如，欧盟就业和社会创新计划包括一个专门的小额信贷和社会企业融资轴心。该轴心最广泛的金融工具是 EaSI（Employment and Social Innovation，就业与社会创新）担保。它有助于社会企业和微型企业家获得贷款。该担保是一种风险分担机制，使选定的金融中介机构能够以比没有担保更优惠的条件（如更低的利率、更低的抵押要求等）向社会企业或微型企业提供贷款。欧盟委员会已委托欧洲投资基金（EIF）实施该工具。截至 2024 年 3 月 31 日，已签署 163 份担保合同，覆盖 31 个国家，担保金额达 4.315 亿欧元，预计将助力小微企业获得 28.557 亿欧元

---

❶ Community interest companies：Guidance ［EB/OL］.［2023-05-06］. https：//www.gov.uk/government/publications/community-interest-companies-how-to-form-a-cic.

的贷款，助力社会企业获得 14.4 亿欧元的贷款。❶

社会影响力债券是融资支持措施中较有新意的。社会影响力债券也称社会效益债券，这是起源于英国的一项社会创新。社会影响力债券并非传统意义上的债券，而是公部门、社会企业和投资者之间达成的契约。这些债券不提供一个固定的回报，政府只承诺为改善的社会效果支付费用，该效果越好，其回报率越高。例如，设立一家社会企业去帮助预防犯过罪的人重新犯罪，包括慈善信托、慈善家在内的社会投资者给该企业提供资金，英国司法部承诺，如果再犯率明显降低，就支付给投资者高达 13.5% 的年回报率，如果累犯不下降，投资者就会失去他们的金钱。因此，政府的风险是有限的，因为它只为积极的社会效益支付费用。在这种情况下，投资者就有动机监督企业去实现最佳的社会效益，目的是发展社会效益债券的二级市场。❷ 自 2010 年英国启动首个社会影响力债券试点项目（HMP Peterborough 社会影响力债券）以来，美国、澳大利亚、加拿大、比利时、荷兰和德国等国家已委托开展了一些社会影响力债券项目。❸

为了给社会企业一个稳定和长期的融资渠道，有些国家

---

❶ EIF. EaSI-Guarantee Financial Instrument Implementation Presentation ［EB/OL］. (2024-03-31) ［2024-09-22］. https：//www. eif. org/what_we_do/microfinance/easi/easi-implementation-status. pdf.

❷ L. Timmerman, J. M. deJonah, A. J. P. Schild. 社会企业的崛起：社会企业正在如何改变全世界的公司法 ［J］. 湘江青年法学, 2015 (1)：122-134.

❸ V. Chiodo, M. Calderini, M. Arena, etal. Social Impact Bond: new finance or new procurement? ［J/OL］. ACRN JOURNAL OF FINANCE AND RISK PERSPECTIVES, 2015, 4 (4) ［2024-08-12］：168-189. https：//re. public. polimi. it/retrieve/handle/11311/960008/471461/1066 _ Social% 20Impact% 20Bond _ new% 20finance% 20or% 20new% 20procurement_Veronica% 20Chiodo% 20copia. pdf.

为社会企业设立了社会证券交易所（Social Stock Exchange，SSE）。德国于 2008 年、南非于 2009 年、葡萄牙于 2009 年、新加坡于 2010 年分别成立社会证券交易所，2013 年英国创设了世界上第一个涉足社会企业的资本交易三板市场。❶ 在 2019 年 7 月的预算演讲中，印度时任财政部部长尼尔马拉 - 西塔拉曼（Nirmala Sitharaman）提议为致力于社会福利的社会企业和志愿组织建立一个社会证券交易所，帮助他们通过债务、股权和共同基金筹集资金。拟议中的交易所将由印度证券交易所（SEBI）监管，允许社会企业和志愿组织上市，并将发挥电子筹资平台的作用。2019 年 9 月，SEBI 成立了一个工作小组，在印度国家银行（SBI）设立的 SBI 基金会主任伊莎特 - 侯赛因（Ishaat - Hussain）的领导下进一步完善这一计划。❷

4. 政府购买服务方面的支持措施

政府在采购服务时优先考虑社会企业，给予其更多的机会。还有一些国家和地区的政府设立社会企业采购配额，要求一定比例的采购合同必须由社会企业承担。英国于 2012 年颁布的《社会价值法案》是政府助力社会企业参与公共服务的典范。在资助非营利组织和社会企业提供福利服务方面，欧洲国家的公共当局采用了不同的方式，比较普遍的方式有：（1）向用户发放代金券，用户可在经认可的机构（包

---

❶ 朱国华，陆戴汀. 社会企业资本市场制度研究 [M] //郭锋. 证券法律评论（2017 年卷）. 北京：中国法制出版社，2017：173-196.

❷ SATTVA. Social stock exchange - a primer for Indian SPOs [EB/OL]. (2019 - 11 - 19) [2024 - 09 - 22]. https://www.sattva.co.in/insight/social - stock - exchange - a - primer - for - indian - spos/#scrollto = blog_section.

括社会企业）使用这些代金券，或向用户直接选择的服务提供机构支付固定费用；（2）通过直接签订合同或招标（可以是公开的，也可以仅限于某些提供者），由服务提供机构（包括社会企业）代表用户支付全部或部分费用。

5. 社会保险费用免除或扣减

在欧洲，被广泛采用的对社会企业的一个优惠措施是社会保险费用的减免，包括减少或完全免除某些类型的工作整合型社会企业所雇用的弱势群体的社会保险费用，这些工作整合型社会企业雇用的弱势工人至少占劳动力的 30%。比如在斯洛伐克，如果雇用的是有健康残疾的员工，其医疗保险费是其他员工的一半。❶ 在意大利，B 类社会合作社对其吸纳的弱势劳动者免缴社会保险费。

6. 培训和孵化

在一些国家，社会企业（特别是较新和较小的社会企业）商业模式脆弱，管理/治理结构和知识不足。在这种情况下，类似德国"社会企业融资机构"（FASE）的倡议特别值得关注，因为它们为社会企业提供服务，帮助它们规划、组合和实现适当的融资，包括捐赠、公共基金、贷款和风险慈善事业。一些政府正在参与或直接资助社会企业的孵化和加速。例如，英国的社会孵化器基金和韩国的首尔创意实验室。还有一些国家通过导师计划，帮助社会企业家发展其企业所需的商业和社会技能。比如韩国和埃及的青年社会企业

---

❶ OECD. Designing Legal Frameworks for Social Enterprises: Practical Guidance for Policy Makers, Local Economic and Employment Development (LEED) [M/OL]. Paris: OECD Publishing, 2022 [2024 - 08 - 12]. https://doi.org/10.1787/172b60b2-en.

家计划，以及马来西亚社会企业轨道。在我国香港特区，民政事务总署推行的"社会企业伙伴计划"，在商界与社会企业之间建立导师学员关系，按照学员的需要对接商界导师，导师为学员提供营商顾问及指引服务，该计划为期 9 个月，至少进行三次导师学员会面。❶

7. 宣传活动

政府对社会企业的宣传可以帮助识别、吸引和促进为解决社会问题作出贡献的社会创新者、企业家和科学家，如泰国的泰国社会企业奖、美国的社区解决方案巡回赛、马来西亚的 Amplify 奖和英国的社会价值奖。在对社会企业的宣传与推广方面，我国香港特别行政区政府堪称典范。民政事务总署特别成立了社会企业宣传小组，推行各项计划，包括社会企业伙伴计划、举办分区宣传活动等，以加强支援社会企业发展工作及加深公众对社会企业的认识。另外，特区政府还制作了社会企业宣传短片，例如"消费显示爱心，支持社会企业"系列宣传片，在电视台、电台和推广活动现场播放；或印制海报、光碟和纪念品推广社会企业；亦有开播社会企业电视节目，如"社企有道"；电台节目有"开心日报"系列中的"开心社企"和"寻常事认真做"的社会企业环节。香港特区政府还举办了地区推广活动和大型展销会，宣扬爱心消费，让市民认识社会企业及其产品和服务。另外，民政事务局还拨款制作"好地图"，推广各区内的社会企业及好人好事。香港特区推出的这些形式多样的推广策

---

❶ 李健. 社会企业政策：国际经验与中国选择 [M]. 北京：社会科学文献出版社，2018：180.

略，加深了公众对社会企业的认知，并取得良好效果，知悉社会企业人士的比率从 2009 年的 59% 增长至 2013 年的 79%。❶

结合我国部分地方政府的已有实践及境外部分国家和地区的经验，笔者认为，未来我国中央和地方政府可以从以下几个方面对社会企业给予支持。

1. 为不同阶段的社会企业提供不同的税收和财政支持措施

在赋予社会企业合法身份的基础上，中央可以出台相关规定对社会企业提供减免企业所得税、增值税及其他税种的优惠，同时对向社会企业投资及捐赠的机构和个人予以享受投资/捐赠额的一定比例的税前扣除优惠。除税收优惠外，可以提供一些直接的财政支持，常见的如补贴、奖励、专项资助、公益创投、通过政府引导基金进行投资支持、免费提供住所等。但笔者认为，对于不同阶段的社会企业，应该采取不同的税收和财政支持方式。比如对于种子期或初创期的社会企业，免费提供一定期间的住所、补贴、专项资助以及公益创投是比较合适的支持方式，因为此时社会企业的产品或服务仅处于概念阶段，如何实现这一概念还处于摸索阶段，政府不可能向其购买产品或服务，税收优惠也无用武之地（但向社会企业投资及捐赠的机构和个人予以享受投资/捐赠额的一定比例的税前扣除），政府以引导基金作为股权投入也不符合社会企业设立资金不

---

❶ 李健. 社会企业政策：国际经验与中国选择［M］. 北京：社会科学文献出版社，2018：180-181.

应来源于政府或其他公共机构的特征，而以提升组织能力为关注点的公益创投则能为该阶段的社会企业带来"及时雨"。此外，定向及小额的补贴、专项资助以及免费提供一定期间的住所等方式则在显示出政府对社会企业的支持态度的同时，又能控制政府的资金损失风险。当社会企业进入成长期或成熟期后，由于其产品/服务的提供已进入正轨，产品/服务的交易频繁，交易收入增加，因此税收优惠将对社会企业的发展给予有力支持，此时的社会企业也有能力参与政府购买服务的竞争，因而政府购买服务倾斜此时也可作为政府对社会企业的重要支持工具之一。此外，对于成长期的社会企业来说，其资金需求缺口较大，资金往往成为其发展的瓶颈，因而如果政府经过评估认为该社会企业值得大力支持的话，可以通过政府引导基金进行股权/债权投资的方式给予支持。

2. 重视对社会企业金融/融资方面的支持

从目前我国针对社会企业提供支持的地方政策看，政府对社会企业金融/融资方面的支持力度比较薄弱。笔者认为，可以从以下方面着手，加强对社会企业金融/融资方面的支持：（1）为符合相关条件的社会企业的贷款提供贴息，该等贴息可以是针对不同的社会企业需求的，比如创业阶段的社会企业贷款的贴息，社会企业研发、生产、销售特定国家鼓励的产品或提供国家支持的服务的特定用途贷款的贴息等；（2）中央和地方政府设立专门针对社会企业的政府引导基金，对已设立的有发展潜力的或优秀的社会企业进行投资；（3）成立专门为社会企业提供小额贷款或提供小额贷款担保的机构，解决社会企业难以通过商业贷款机构贷款的问题；

（4）在已有的上海、深圳和北京证券交易所设立社会企业板块，为社会企业提供流动性更强也更稳定的投融资渠道，也为早期投资社会企业的投资者提供更畅通的退出渠道，进而推动更多的投资者在社会企业较早期就投资社会企业，帮助社会企业成长；（5）对于适合的项目考虑发行影响力债券。根据相关研究，发行社会影响力债券主要有三个驱动因素：一是可以筹集额外资金，以支持提供额外服务，公共部门可决定引入私人融资，以克服公共资金不足和预算限制。二是试图提高公共资源的使用效率和提供社会服务的有效性，这种机制以按结果付费的合同为基础，可以提高提供社会服务的效率，因为它允许只为有效的服务提供资金，这超越了传统的公共采购原理，目的是重新设计公共支出供应链，从而提高效率。与此同时，公共部门也有机会与有效的服务提供者合作，甚至是通过给予他们在提供社会服务方面尝试高度创新方法的可能性来提高他们的效率。三是为私人投资者提供新的回报机会的可能性，在这种情况下，重点是私营部门，通常是机构或主流投资者。为社会服务提供资金是一个以前从未考虑过的市场，现在却被视为获得投资回报的肥沃领域。但并非任何社会问题的资金困境都适合用发行影响力债券的方式解决。根据对已有案例的相关研究，适合使用发行影响力债券的社会问题的覆盖范围一般包括：之前未涉及的社会领域的服务，通常服务的目标群体得不到法定服务（如健康服务），或者由于其特殊性导致服务费用特别高昂且难以帮助的服务（如失业）。此外，适合发行影响力债券的

项目还需是项目成果易于测量的项目。❶

3. 将社会企业列入政府购买服务之优先供应商清单

目前，我国已存在政府购买服务向非营利组织、农民专业合作社倾斜的相关政策，今后可在此基础上，对已被认证为社会企业的组织承接政府购买服务均采取倾斜政策，而无论其是否为非营利组织、农民专业合作社。尤其是对于适合社会企业承接的项目，应在同等条件下由社会企业承接并确保最低比例的相关项目由社会企业承接。

4. 加大对社会企业的宣传，提高其在社会公众中的能见度

由政府对社会企业进行宣传，即是对社会企业予以支持的公开明确表态，是政府对这一创新组织类型合法性的某种程度上的背书。目前我国仅公益界对社会企业有些了解，社会企业在公众中的能见度较低，未来政府应通过各种途径为社会企业做宣传，以引起各方的关注，从而为社会企业吸引各方资源作铺垫。该等方式包括在教育体系内支持相关课程的开设、资助与社会企业的相关研究、增加政府对社会企业关注的新闻曝光率、自行或与第三方机构共同举办相关论坛/峰会/奖励大会等。

---

❶ V. Chiodo, M. Calderini, M. Arena, et al. Social Impact Bond: new finance or new procurement? [J/OL]. ACRN JOURNAL OF FINANCE AND RISK PERSPECTIVES, 2015, 4 (4) [2024 - 08 - 12]: 168 - 189. https://re. public. polimi. it/retrieve/handle/11311/960008/471461/1066 _ Social% 20Impact% 20Bond _ new% 20finance% 20or% 20new% 20procurement_Veronica% 20Chiodo% 20copia. pdf.

（三）推动社会企业发展产生正反馈效应

生态系统中的许多突然变化是因为正反馈，当系统的一个部分变化时，另一部分的变化也增加了前一部分的变化。正反馈是变革的力量，在人类社会系统也很常见，当人们设法改善他们的处境（发展或解决问题）时，可以利用正反馈达到目的。❶

社会企业作为一种不同于传统非营利组织和传统企业的组织形态，由于其能够解决传统非营利组织和传统企业所不能解决的问题，因而越来越受到政府及希望为社会和环境问题的解决贡献一份力量的个人及群体的青睐。随着对社会企业重视而来的必然是相关资源向社会企业的转移，这一资源的转移必然会促进社会企业的发展，而社会企业的发展如果能反过来促进相关资源对社会企业的进一步转移，则社会企业的发展将产生正反馈效应。笔者认为，社会企业正反馈效应的产生，关键在于社会企业的发展能给其资源提供方带来利益，政府可以从如下几个方面着手推动社会企业正反馈效应的产生。

首先，要建立社会企业信息公开披露制度。社会企业信息公开披露制度的建立不仅是公众监督社会企业的一种途径，同时也可以让公众从社会企业的出资结构、重大交易、主要供应商和客户等信息中了解社会企业主要从哪些资源提供方处获得了支持，这样不仅会给资源提供方带来信誉，而

---

❶ 杰拉尔德·G. 马尔腾. 人类生态学：可持续发展的基本概念 [M]. 顾朝林，袁晓辉，等译校. 北京：商务印书馆，2012：18-25.

且可能会给这些资源提供方带来直接的利益，比如营业收入的增加或者能吸引到更优秀的员工，因为越来越多的消费者更愿意选择道德和环境友好型的组织提供的产品/服务，越来越多的优秀人才愿意到道德和环境友好型的组织就业。

其次，对投资社会企业的个人或机构提供资金或税收支持。社会企业以其能自我造血为主要特征之一，政府资金的直接支持可能会有碍于社会企业自我造血功能的发挥。相比之下，社会投资机构的投资是市场化运作的，其投资目标的选择以及投后管理都是市场化和专业化的，由其对社会企业进行投资比政府直接给予资金支持更有助于社会企业的长远发展。而由政府对这些投资社会企业的机构和个人进行资金或税收支持，既达到间接支持社会企业的作用，也分担了这些机构和个人的投资风险，同时还利用了这些机构和个人的投资优势，可谓一举多得。2012年，英国政府推出大社会资本，成立全球第一家社会投资银行，主要为成果基金、社会股票交易所与影响力风险投资基金等社会企业融资中介机构提供资金，2014年又实行社会投资税收减免计划，规定可以减免当年投资额的30%所得税，如果盈利再投资回社会企业可降低资本收益税。❶ 英国的上述经验可资借鉴。

最后，要建立社会企业的评估机制。社会企业评估机制的建立不但有利于政府和公众对社会企业的监督，也有利于社会企业的资源提供方获知其通过对社会企业的支持产生了哪些社会效益，从而有利于资源提供方运用该等信息和数据

---

❶ 韩文琰.社会企业融资：英国经验与中国之道［J］.东南学术，2017（3）：137-145.

获得公众和政府的支持。对社会企业的评估比对传统企业的评估要困难得多,因为其中的社会目标是否实现比较难以量化。但经过努力,评估社会影响力的工具还是被一些机构开发出来,这些测评工具中比较有影响力的是由全球影响力网络(Global Impact Investing Network)开发的影响力报告和投资标准(Impact Reporting and Investment Standards,IRIS)和由 B - Analytics 研发的全球影响力投资评级体系(Global Impact Investing Rating System,GIIRS)。在美国,B 实验室(B Lab)就要求已经认证的共益公司(Benefit Corporation)及共益公司的申请者提交影响力评估报告,而这些评估报告就运用了包括 IRIS 和 GIIRS 在内的各种评估体系。❶ 政府可以要求社会企业在申请社会企业身份以及获得该等身份后的每隔几年聘请第三方运用或参考国际常用的影响力测评工具对社会企业的表现进行评估,以确保其符合或继续符合社会企业的资格,并由此获得社会企业之社会影响力的相关数据。

---

❶ Michelle Cho. Benefit Corporations in the United States and Community Interest Companies in the United Kingdom: Does Social Enterprise Actually Work? [J]. Northwestern Journal of International Law & Business, 2017, 37: 149-172.

第四章

中国社会企业立法建构设想

第一节　中国社会企业身份认定的立法模式选择

一、赋予社会企业特定法律身份的重要性

根据 OECD 和欧盟委员会的联合报告，基于各国的既有经验和教训，促进社会企业发展的政策着眼点应主要集中于八个方面。❶ 其中"提高社会企业的公知度和可见度"这一点主要就是指一国通过立法赋予社会企业一个易于识别的身份。给予社会企业一个独特的法律身份具有如下好处：（1）可以让社会企业非常明确地被识别为一个具有额外目的的企业，例如税收、公共采购或竞争法；（2）为社会企业设计特别的公共政策以便支持其发展；（3）设置社会企业与其他企业类型的清晰边界，保护社会企业的利益相关者，防止设立和运营一个"错误的"社会企业；（4）收集关于社会企业的官方统计数字以便提高它们的社会认知度。❷

---

❶ OECD and European Commission. Boosting Social Enterprise Development: Good Practice Compendium [EB/OL].(2017-04-21)[2024-08-12]. https://www. oecd-ilibrary. org/docserver/9789264268500-en. pdf? expires=1526957080&id=id&accname=guest&checksum=805AACCFEB80CBBD033D0B4A916DBF41.

❷ Antonio FICI. A European Statute for Social and Solidarity-Based Enterprise, 2017, European Parliament's Committee on Legal Affairs and commissioned, overseen and published by the Policy Department for Citizens' Rights and Constitutional Affairs [EB/OL].[2018-05-27]. http://www. europarl. europa. eu/supporting-analyses.

二、其他国家和地区赋予社会企业特定法律身份的主要立法模式

在为社会企业赋予特别身份的立法模式上，目前各国和地区主要有两种做法：第一种是为社会企业创设专门的法律组织形式；第二种是赋予社会企业一个法定资格。在欧盟成员国中，有 21 个国家至少制定了一部关于这一主体的法律。❶ 各国根据其国内具体情况和社会企业的需要采取了各种办法，一些国家通过立法为社会企业创设了特定的法律组织形式（如意大利、英国），另一些国家则赋予符合特定标准的一种或多种法律组织形式予以法定地位（如丹麦、卢森堡、斯洛文尼亚）。❷ 表 4-1 是目前一些国家和地区立法对社会企业赋予身份的具体形式。

表 4-1　各国和地区立法赋予社会企业特定法律身份的具体形式

设定新的法律组织形式		未设定新的法律组织形式，只对符合条件的现有组织赋予社会企业的资格	
国家或地区	新的法律组织形式名称	国家	社会企业名称
葡萄牙	社会团结合作社	意大利	社会企业

---

❶ Henry Peter, Carlos Vargas Vasserot, Jaime Alcalde Silva. The International Handbook of Social Enterprise Law: Benefit Corporations and Other Purpose-Driven Companies [M/OL]. Springer Nature, 2023 [2024-08-12]: 153-171. https://link. springer. com/book/10. 1007/978-3-031-14216-1.

❷ OECD. Designing Legal Frameworks for Social Enterprises: Practical Guidance for Policy Makers, Local Economic and Employment Development (LEED) [M/OL]. Paris: OECD Publishing, 2022 [2024-08-12]. https://doi. org/10. 1787/172b60b2-en.

设定新的法律组织形式		未设定新的法律组织形式，只对符合条件的现有组织赋予社会企业的资格	
国家或地区	新的法律组织形式名称	国家	社会企业名称
西班牙	社会倡议合作社	比利时	社会目的公司
希腊	有限责任社会合作社	芬兰	社会企业
法国	集体利益合作社	立陶宛	社会企业
波兰	工人合作社	韩国	社会企业
英国	社区利益公司		
美国佛蒙特州等	低利润有限责任公司		
美国马里兰州等	共益公司		
美国加利福尼亚州	弹性目标公司		
加拿大某些州	社区贡献公司		

数据来源：主要根据王世强《社会企业的官方定义及其认定标准》❶ 及 Dana Brakman Reiser, Steven A. Dean "Hunting Stag with Fly Paper: Hybrid Financial Instrument for Social Enterprise" ❷ 的相关信息整理。

　　第二种模式近年越来越受到欧盟国家立法者的欢迎，比如 2015 年罗马尼亚颁布的相关法律及 2016 年卢森堡颁布的相关法律。此外，一些已经颁布相关法律的国家，例如法国和意大利，也决定引入第二种模式的相关法律或规则。第二

---

❶ 王世强. 社会企业的官方定义及其认定标准 [J]. 社团管理研究，2012 (6)：38-41.

❷ Dana Brakman Reiser, Steven A. Dean. Hunting Stag with Fly Paper: Hybrid Financial Instrument for Social Enterprise [J]. Boston College Law Review, 2013, 54：149-154.

种模式的好处是：它允许已经存在的组织成为一个社会企业而无须重新注册成为一个社会企业；一个社会企业可以无须清算而失去其社会企业的资格或转化、重新注册为另外一个组织形式，使得获取或失去一个社会企业的法律身份的成本减少。此外，最重要的好处是，这种模式允许一个社会企业选择更适合它去经营自己业务的组织形式，而无须被强加于某种组织形式。这种可选组织形式的多元化允许一个社会企业根据其自身情况（比如创始人或成员的性质是员工还是投资者或第一级社会企业等，它的文化/历史传统，或者它从事的业务是劳动密集型的还是资本密集型的）以更合适的方式决定其结构。❶

三、中国社会企业身份认定的立法模式建议

我国目前中央一级并没有对社会企业的相关立法，在地方立法和实践层面，选择的也是第二种模式，也就是说，并没有为社会企业创设新的法律组织形式，而是根据一定的标准对目前已有的组织赋予社会企业的资格。笔者认为，这不但能够鼓励更多的符合条件的组织以低成本的方式加入社会企业的行列，而且由于我国已存在基本符合社会企业特征的民办非企业单位/社会服务机构、农民专业合作社以及部分企业等组织形式，采用赋予现有符合条件的组织以社会企业的资格而非创设新的法律主体更易于与我国目前的相关法律

---

❶ Antonio FICI. A European Statute for Social and Solidarity-Based Enterprise, 2017, European Parliament's Committee on Legal Affairs and commissioned, overseen and published by the Policy Department for Citizens' Rights and Constitutional Affairs [EB/OL]. [2018-05-27]. http: //www. europarl. europa. eu/supporting-analyses.

框架衔接，从而促进我国社会企业的发展。因此，未来中央一级的立法，也宜选择第二种模式。

关于社会企业的认定机构，笔者认为可以由民政部和市场监督管理总局联合组成一个认定工作小组，并可以授权第三方机构具体操作，最终以民政部和市场监督管理总局共同名义发布被认定为社会企业的名单。

第二节　社会企业与我国现行相关组织立法的相容性分析

一、我国目前的组织类型及相关立法概要

如果未来我国中央一级的社会企业立法选择的是赋予现有组织以社会企业身份的模式，则社会企业就一定会以某种既有的法律组织形式存在。根据《中华人民共和国民法典》及相关法律法规的规定，我国法定的组织类型如图 4－1 所示。

上述组织类型所涉及的现行主要法律法规❶如表 4－2 所示。

---

❶　2024 年 6 月 28 日第十四届全国人民代表大会常务委员会第十次会议通过《中华人民共和国农村集体经济法》，该法将于 2025 年 5 月 1 日起施行。鉴于该法尚未实施且配套细则尚未出台，因此本部分未将农村集体经济组织纳入相关分析。

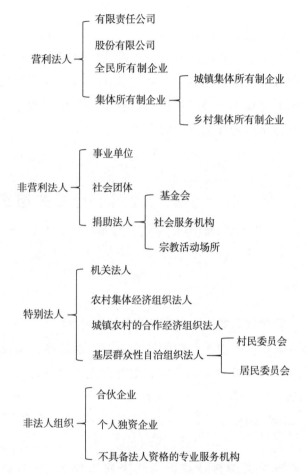

图 4-1 我国相关立法中规定的组织类型

表 4-2 我国相关组织立法一览表

组织形式	主要法律法规
公司	《中华人民共和国公司法》
合伙企业	《中华人民共和国合伙企业法》

续表

组织形式	主要法律法规
个人独资企业	《中华人民共和国个人独资企业法》
全民所有制企业	《中华人民共和国全民所有制工业企业法》
集体所有制企业	《中华人民共和国城镇集体所有制企业条例》
	《中华人民共和国乡村集体所有制企业条例》
农民专业合作社	《中华人民共和国农民专业合作社法》
民办非企业单位 （社会服务机构）❶	《民办非企业单位登记管理暂行条例》
	《民办非企业单位登记暂行办法》
基金会	《基金会管理条例》
社会团体	《社会团体登记管理条例》
宗教活动场所	《宗教事务条例》
	《宗教活动场所管理办法》
事业单位	《事业单位登记管理暂行条例》
村民委员会	《中华人民共和国村民委员会组织法》
居民委员会	《中华人民共和国城市居民委员会组织法》

---

❶ 2016 年 9 月 1 日起实施的《中华人民共和国慈善法》首次引入"社会服务机构"的概念，该法规定，慈善组织可以采取基金会、社会团体、社会服务机构等组织形式，该法未提到"民办非企业单位"，因此社会服务机构被认为将取代原有的"民办非企业单位"的概念。《中华人民共和国慈善法》颁布后实施前，民政部出台了《社会服务机构登记管理条例》（《民办非企业单位登记管理暂行条例》修订草案）征求意见稿，并宣称此次修订拟将"民办非企业单位"名称改为"社会服务机构"，拟将现行《民办非企业单位登记管理暂行条例》名称改为《社会服务机构登记管理条例》。2017 年实施的《中华人民共和国民法总则》（已废止）继续沿用了这一概念。但截至本书完稿之日，《社会服务机构登记管理条例》尚未颁布实施，因此"民办非企业单位"的概念并未正式被社会服务机构取代。

组织形式	主要法律法规
机关法人	《中华人民共和国宪法》
	《中华人民共和国全国人民代表大会组织法》
	《中华人民共和国国务院组织法》
	《中华人民共和国人民法院组织法》
	《中华人民共和国人民检察院组织法》
	《中华人民共和国监察法》
	《中华人民共和国地方各级人民代表大会和地方各级人民政府组织法》

二、社会企业与我国现行相关组织立法的相容性分析

基于笔者对社会企业的界定标准，笔者下文将逐一分析上述相关立法对社会企业的相容度（由于机关法人属于执行公权力的机关，明显不符合社会企业的特征，因此笔者将其排除在下文的分析之外）。

（一）是否可以确保组织设立的资金并非来源于政府或其他公共机构并确保后续运营过程中政府或其他公共机构不会掌握组织的控制权

就公司和合伙企业而言，《中华人民共和国公司法》（如无特别说明，本书中所称《中华人民共和国公司法》均指2023年12月29日修订并于2024年7月1日实施的《中华人民共和国公司法》）及《中华人民共和国合伙企业法》（以下简称《合伙企业法》）中并未对公司及合伙企业设立资金或者后续投资者资金来源予以限制，但只要创始股东或

合伙人愿意，其可以排除或限制政府或其他公共机构资金的介入。

就个人独资企业而言，根据《中华人民共和国个人独资企业法》（以下简称《个人独资企业法》），个人独资企业是由一个自然人投资的经营实体，其设立资金只能来源于自然人，因此也就排除或限制设立资金或后续投资者的投资资金来源于政府或其他公共机构的可能。

对于全民所有制企业而言，根据《中华人民共和国全民所有制工业企业法》的规定，全民所有制企业包括设立资金在内的所有财产是属于全民所有，国家依照所有权和经营权分离的原则授予企业经营管理，而由于政府的国有资产监督管理机构最终代表国家行使对全民所有制企业的所有权，故全民所有制企业的最终资金来源可以被视为来源于政府。因此，全民所有制企业不符合关于社会企业应能够"确保组织设立的资金并非来源于政府或其他公共机构并确保后续运营过程中政府或其他公共机构不会掌握组织的控制权"这一判定标准。由于不符合这一标准，笔者在下文中就不再对全民所有制企业是否符合社会企业的其他判定标准进行分析。

我国的集体所有制企业包括城镇集体所有制和乡村集体所有制企业两种企业形式。根据《中华人民共和国城镇集体所有制企业条例》（以下简称《城镇集体企业条例》）和《中华人民共和国乡村集体所有制企业条例》（以下简称《乡村集体企业条例》）的规定，无论是城镇集体所有制企业还是乡村集体所有制企业，均不限制对其进行投资入股的资金来源。

就农民专业合作社这一组织形式而言，根据《中华人民共和国农民专业合作社法》（以下简称《农民合作社法》）的规定，具有管理公共事务职能的单位不得加入农民专业合作社，同时该法又规定农民专业合作社设立的条件之一是"有符合章程规定的成员出资"，这就意味着，农民专业合作社的设立资金或后续投资者资金不可能来源于政府或其他公共机构。

就民办非企业单位这一组织形式而言，根据《民办非企业单位登记管理暂行条例》（以下简称《民非条例》），民办非企业单位是企业事业单位、社会团体和其他社会力量以及公民个人利用非国有资产举办的社会组织，因此按照这一定义应可推断民办非企业单位的设立资金或后续投资者资金必然不可能来自政府或其他公共机构。但根据《民办非企业单位登记暂行办法》的规定，民办非企业单位必须拥有与其业务活动相适应的合法财产，且其合法财产中的非国有资产份额不得低于总财产的三分之二，该暂行办法突破了《民非条例》关于民办非企业单位必须是利用非国有资产举办的规定。因此，不排除有些民办非企业单位设立的资金或后续投资者资金可能会来源于政府或其他公共机构。

就基金会而言，根据《基金会管理条例》的规定，基金会是指利用自然人、法人或者其他组织捐赠的财产，以从事公益事业为目的而成立的非营利性法人。从这一定义看，基金会的原始基金及后续基金不排除来自政府或公共机构的可能性。

对于社会团体而言，根据《社会团体登记管理条例》的规定，社会团体是指中国公民自愿组成，为实现会员共同意愿，按照其章程开展活动的非营利性社会组织，设立社会团体的条件之一就是须有合法的资产和经费来源，但相关规定并未限定该等资产和经费的来源必须出自哪里，因此，社会团体设立时及后续的资产和经费来源是可能来自政府或公共机构的。

对于宗教活动场所来说，根据《宗教事务条例》的规定，设立宗教活动场所应具备的条件之一是有必要的资金，资金来源渠道合法，但相关规定并未限定资金必须出自哪里，因此，宗教活动场所设立时及后续的资金来源是可能来自政府或公共机构的。

对于事业单位而言，根据《事业单位登记管理暂行条例》，事业单位是指国家为了社会公益目的，由国家机关举办或者其他组织利用国有资产举办的，从事教育、科技、文化、卫生等活动的社会服务组织。从该定义可以看出，事业单位的资金来源于国家机关或国家机关以外的组织的国有资产，而根据相关法律法规的规定，国家机关以外的国有资产所有权的行使机构是各级政府国有资产监督管理机构或各级政府的授权部门，因而可以说，事业单位最终资金来源可以被视为来源于公共机构，而且，全部由国有资产举办的事业单位，其控制权必然会掌握在政府或其他公共机构手中，故事业单位不符合关于社会企业应能够"确保组织设立的资金并非来源于政府或其他公共机构并确保后续运营过程中政府或其他公共机构不会掌握组织的控制权"这一判定标准。由于不符合这一标准，笔者在下文中就不再对事业单位是否符合社会企业的其他判定标准进行分析。

对于居民委员会而言，根据《中华人民共和国城市居民委员会组织法》，居民委员会的工作经费和来源、居民委员会成员的生活补贴费由不设区的市、市辖区的人民政府或者上级人民政府规定并拨付，经居民会议同意可以从居民委员会的经济收入中给予适当补助。故居民委员会不符合关于社会企业应能够"确保组织设立的资金并非来源于政府或其他公共机构并确保后续运营过程中政府或其他公共机构不会掌握组织的控制权"这一判定标准，由于不符合这一标准，笔者在下文中就不再对居民委员会是否符合社会企业的其他判定标准进行分析。

对于村民委员会来说，根据《中华人民共和国村民委员会组织法》的规定，村民委员会的职能主要分为两大部分：一部分是协助政府工作，另一部分是办理本村的公益事业，履行前一部分职能的经费由政府提供，履行后一部分职能的由村民会议解决，但经费确有困难的政府将给予适当支持。此外，村民委员会的设立、撤销、范围调整均是由政府提议并批准的。综上可以看出，村民委员会的政府附属性非常明显，因此笔者理解村民委员会不但设立及后续资金中相当一部分不可避免地来源于政府及其他公共机构，而且政府对村民委员会也有相当强的控制力，故不符合社会企业关于"能够确保组织设立的资金并非来源于政府或其他公共机构并确保后续运营过程中政府或其他公共机构不会掌握组织的控制权"的这一标准，由于不符合这一标准，笔者在下文中就不再对村民委员会是否符合社会企业的其他判定标准进行分析。

（二）社会使命和社会目标可否在组织章程等基本治理文件中予以表述

就公司这一组织形式而言，公司的经营范围是公司章程的必备内容，而且公司章程除《公司法》规定的必备内容外，也可以载明股东会会议认为需要规定的其他事项。因此，拟以公司形式存在的社会企业，可以在章程中明确其社会使命和社会目标。

就合伙企业而言，合伙协议是合伙企业的基本治理文件，合伙目的和合伙经营范围是合伙协议中应当载明的内容，因此，如果一个合伙企业拟成为社会企业，合伙人可以在合伙协议中将社会目标和社会使命作为其合伙目的。

对个人独资企业而言，由于其是由一个自然人投资，财产为投资人个人所有，投资人以其个人财产对企业债务承担无限责任的经营实体，相应地，个人独资企业也并不存在类似章程之类的治理文件，但根据《个人独资企业法》的规定，个人独资企业设立申请书中必须载明企业的经营范围，而且经营范围属于必须在工商部门登记的事项，也就是说，经营范围是会向社会公示的，代表了个人独资企业对社会的一种公开承诺，因此如果个人独资企业能够将社会目标和社会使命融入其经营范围，则也不失可以达到类似于在治理文件中宣示其社会目标和社会使命的效果。然而，根据《中华人民共和国市场主体登记管理条例》，市场主体应当按照登记机关公布的经营项目分类标准办理经营范围登记，实践中能够自主对经营范围作出表述的可能性较小，因此这一路径的可行性也较小。

就城镇集体所有制企业而言，城镇集体所有制企业的经营范围是章程的必备内容，章程还可以载明集体企业的职工（代表）大会认为需要明确的其他事项。因此，如果一个城镇集体所有制企业拟成为社会企业，可以在章程中增加社会使命和社会目标条款。就乡村集体所有制企业而言，根据《乡村集体企业条例》，乡村集体所有制企业可能是法人也可能不是法人，如果是法人，根据《中华人民共和国市场主体登记管理条例》，章程是进行非公司企业法人登记必须提交的材料，因此，如果一个具备法人资格的乡镇集体所有制企业拟成为社会企业，也可以将社会使命和社会目标条款写入其章程。

就农民专业合作社这一组织形式而言，业务范围是农民专业合作社章程应当载明的事项之一。同时，根据《农民合作社法》的规定，农民专业合作社以其成员为主要服务对象，开展以下一种或者多种业务：（1）农业生产资料的购买、使用；（2）农产品的生产、销售、加工、运输、贮藏及其他相关服务；（3）农村民间工艺及制品、休闲农业和乡村旅游资源的开发经营等；（4）与农业生产经营有关的技术、信息、设施建设运营等服务。在我国，服务"三农"本身就是一个社会使命和社会目标。尤其是，根据《农民合作社法》的规定，农民专业合作社应当有 5 名以上的成员，其中农民至少应当占成员总数的80%，而且成员人数没有上限的规定，这就使农民专业合作社的直接受益对象有了无限放大的可能。

就民办非企业单位登记这一组织形式而言，其是从事非营利性社会服务活动的社会组织，宗旨和业务范围是民办非企业单位的章程应当记载的事项。而根据《民办非企业单位登记暂行办法》，申请登记的民办非企业单位所属行（事）业包括教育事业、卫生事业、文化事业、科技事业、体育事业、劳动事业、民政事业、社会中介服务业、法律服务业等。由此可以看出，民办非企业单位的业务范围和宗旨依法就应局限于提供社会服务活动，而这些社会服务活动具有社会公益事业的特点，这与必须具有社会使命或社会目标这一社会企业认定标准是高度契合的。

对于基金会而言，根据《基金会管理条例》，基金会必须是以从事公益事业为目的，而且要求基金会章程必须明确基金会的公益性质、设立宗旨和公益活动的业务范围，因此，基金会完全满足社会企业认定标准中关于必须具有社会使命或社会目标而且在章程中等治理文件中对此予以表述的这一要求。

对于社会团体来说，根据《社会团体登记管理条例》，社会团体是指中国公民自愿组成，为实现会员共同意愿，按照其章程开展活动的非营利性社会组织，且社会团体的章程中必须包括其宗旨和业务范围。从上述规定可知，社会团体主要是实现会员的共同意愿，因而如果会员的共同意愿是实现某一社会使命或社会目标，那么该社会使命和社会目标将被记载入章程。

就宗教活动场所而言，根据《宗教事务条例》的规定，设立宗教活动场所的条件之一是设立宗旨不违背该条例第4条、第5条❶的规定，根据《宗教活动场所设立审批和登记办法》，宗教活动场所的有关规章制度文本是申请登记宗教活动场所必须提供的材料之一，因此，只要不违背《宗教事

---

❶ 《宗教事务条例》第4条规定："国家依法保护正常的宗教活动，积极引导宗教与社会主义社会相适应，维护宗教团体、宗教院校、宗教活动场所和信教公民的合法权益。宗教团体、宗教院校、宗教活动场所和信教公民应当遵守宪法、法律、法规和规章，践行社会主义核心价值观，维护国家统一、民族团结、宗教和睦与社会稳定。任何组织或者个人不得利用宗教进行危害国家安全、破坏社会秩序、损害公民身体健康、妨碍国家教育制度，以及其他损害国家利益、社会公共利益和公民合法权益等违法活动。任何组织或者个人不得在不同宗教之间、同一宗教内部以及信教公民与不信教公民之间制造矛盾与冲突，不得宣扬、支持、资助宗教极端主义，不得利用宗教破坏民族团结、分裂国家和进行恐怖活动。"第5条规定："各宗教坚持独立自主自办的原则，宗教团体、宗教院校、宗教活动场所和宗教事务不受外国势力的支配。宗教团体、宗教院校、宗教活动场所、宗教教职人员在相互尊重、平等、友好的基础上开展对外交往；其他组织或者个人在对外经济、文化等合作、交流活动中不得接受附加的宗教条件。"

务条例》第4条、第5条规定的社会使命和社会目标，宗教活动场所都可以作为宗旨写入其规章制度中，而据公开资料查询，许多宗教活动场所均会把"兴办公益慈善事业"作为其章程或管理制度中规定的宗旨之一。

（三）组织是否有稳定的经营收入来源且超过50%的收入来源于市场交易活动

公司、合伙企业、个人独资企业、集体所有制企业均是从事经营活动的组织，为了企业的生存和发展，其必定会竭尽所能通过从事市场交易活动获得可持续性的经营收入，而不会等待第三方的资助，而第三方的资助一般也不会给予企业。因此，公司、合伙企业、个人独资企业、集体所有制企业这些组织形式应是能够较好地确保通过市场交易活动获得50%以上经营收入且经营收入来源稳定的组织形式。

就农民专业合作社这一组织形式而言，农民专业合作社是从事生产经营活动的组织，虽然国家可能会对其有一定的补助，社会也可能会对其有一定的资助，但该等补助和资助都是处于辅助的地位，并不会改变农民专业合作社主要通过市场交易活动获取收入的性质（虽然在较多情况下合作社采购的对象可能是其成员自身），因此，农民专业合作社属于可以通过市场交易活动获得50%以上经营收入且经营收入来源稳定的组织形式。

就民办非企业单位、基金会和社会团体而言，虽然相关法律法规均规定这三种组织为非营利组织，但又同时规定其可以按照国家有关规定取得的合法收入用于章程规定的业务活动，或者实现资产的保值、增值。而且，国务院法制办和民政部曾经对该等组织的"非营利性"作出解释："非营利性组织和营利组织的主要区别，不在于是否营利，而在于营利所得如何分配。"❶ 由此可以看出，"非营利"并非针对"经营活动"而言，而是针对营利所得如何分配。因此，不能排除民办非企业单位、基金会和社会团体作为一种通过市场交易活动获得50%以上经营收入且经营收入来源稳定的组织形式的可能性。

对于宗教活动场所而言，根据《宗教活动场所财务管理办法》，宗教活动场所的收入种类多样，除了捐赠收入和政府资助，还包括宗教服务的收入和宗教活动场所门票的收入，经销宗教用品、宗教艺术品和宗教出版物的收入，出租宗教活动场所资产取得的收入以及其他合法收入，因此不能排除宗教活动场所通过市场交易活动获得50%以上经营收入且经营收入来源稳定的可能性。

（四）是否可以在章程等基本治理文件中确保组织每年利润中超过50%的部分以及组织解散时其剩余资产中超过50%的部分用于实现其社会目标

就公司这一组织形式而言，利润分配属于股东会的职权，而股份有限公司的章程中还必须规定公司利润分配办法，也就是说，公司的利润分配政策以及每年是否进行利润

---

❶ 国务院法制办政法司，民政部民间组织管理局.《社会团体登记管理条例》《民办非企业单位登记管理暂行条例》释义［M］. 北京：中国社会出版社，1999：19；民政部办公厅《关于社会团体兴办经济实体有关问题的复函》（民办函〔2002〕21号）。

分配，可以由公司章程规定的程序由股东会进行决策。因此，如果由股东会通过的公司章程中规定公司每年利润中超过50%的部分用于实现其社会目标，则并不违反《公司法》的规定。至于公司解散后的剩余财产，根据《公司法》的规定，公司财产在分别支付清算费用、职工的工资、社会保险费用和法定补偿金，缴纳所欠税款，清偿公司债务后的剩余财产，有限责任公司按照股东的出资比例分配，股份有限公司按照股东持有的股份比例分配。而且《公司法》并未规定章程另有规定的，可以不遵守前述规定，故前述规定应理解为强制性规定。该规定将阻碍拟成为社会企业的公司将其剩余资产中超过50%的部分用于实现其社会目标的安排。虽然从某种意义上说，如果公司全体股东签署股东协议，自愿将公司剩余财产超过50%的部分用于实现社会目标，也就相当于各股东将法定的按出资比例/股份比例分配给其的财产中的超过50%的部分自愿用于实现社会目标，表面上全体股东约定的规则似乎不会与法定的分配规则发生冲突。然而，两者的区别在于，在法定的分配规则下，并不存在剩余财产在分配给股东之前可以以公司的名义用于社会目标，全体股东如果作出将公司剩余财产超过50%的部分用于实现社会目标，在不违反法定分配规则的前提下，只能是先分配给股东，然后以股东的名义再用于社会目标，而在这一过程中得到剩余财产的股东还需缴纳所得税。

对于合伙企业而言，根据《合伙企业法》的规定，利润分配方式属于合伙协议应当载明的事项之一，而且《合伙企业法》并未禁止合伙协议约定将利润中超过50%的部分用于实现社会目标，因此，如果合伙协议中规定合伙企业每年利润中超过 50% 的部分用于实现其社会目标，则并不违反《合伙企业法》的规定。而根据《合伙企业法》的规定，合伙企业财产在支付清算费用和职工工资、社会保险费用、法定补偿金以及缴纳所欠税款、清偿债务后的剩余财产，按照合伙协议的约定办理。因此，如果合伙协议中规定合伙企业剩余财产超过 50% 的部分用于实现社会目标，亦不违反《合伙企业法》的规定。

对于个人独资企业而言，正如前文所述，其缺乏一个基本治理文件去宣称和确保组织每年利润中以及企业解散时其剩余资产中超过 50% 的部分用于实现其社会目标，因此，即便实践中个人独资企业的投资者自愿将个人独资企业每年利润及解散时剩余资产超过 50% 的部分用于实现其社会目标，也因其缺乏制度化、公开性的承诺表达渠道从而导致即便作出承诺，该等承诺也缺乏可信度，将导致其无法满足社会企业的相应要求。

对于城镇集体所有制企业而言，根据《城镇集体企业条例》的规定，企业收入分配方式由章程进行规定，城镇集体所有制企业的税后利润，由企业依法自主支配，企业应当按照国家规定确定公积金、公益金、劳动分红和股金分红的比例。据此，如果城镇集体所有制企业的章程中规定企业每年利润中超过 50% 的部分用于实现其社会目标，则并不违反《城镇集体企业条例》的规定。根据《城镇集体企业条例》的规定："集体企业财产清算后的剩余财产，按照下列办法处理：（一）有国家、本企业外的单位和个人以及本企业职工个人投资入股的，应当依照其投资入股金额占企业总资产的比例，从企业剩余财产中按相同的比例偿还；（二）其余财产，由企业上级管理机构作为该企业职工待业和养老救济、就业安置和职业培训等费用，专款专用，不得挪作他用。"根据该规定，城镇集体所有制企业的剩余财产要么偿还给出资人，要么由上级管理机构依法专款专用，剩余财产无法用于实现社会目标。对于乡村集体所有制企业而言，根据《乡村集体企业条例》的规定，乡村集体所有制企业的税后利润，留给企业的部分不应低于60%，由企业自主安排，主要用作增加生产发展基金，进行技术改造和扩大再生产，适当增加福利基金和奖励基金，企业税后利润交给企业所有者的部分，主要用于扶持农业基本建设、农业技术服务、农村公益事业、企业更新改造或者发展新企业。据此，乡村集体所有制企业有权决策机构如果作出企业每年利润中超过50%的部分用于实现社会目标的决策，也不会违反《乡村集体企业条例》的规定。至于组织解散后的剩余财产处置，《乡村集体企业条例》并未作出强制性规定。由于依照《乡村集体企业条例》的规定，乡村集体所有制企业的财产属于举办该企业的乡或者村范围内的全体农民集体所有，由乡或者村的农民大会（农民代表会议）或者代表全体农民的集体经济组织行使企业财产的所有权，而企业所有者依法决定企业的终止、申请破产等决议，那么剩余财产如何分配也由乡或者村的农民大会（农民代表会议）或者代表全体农民的集体经济组织决定。因此，如具有企业法人资格的乡村集体所有制企业的章程中规定解散时剩余资产超过50%的部分用于实现社会目标，所有者一般亦会遵循章程中的相关规定。

就农民专业合作社这一组织形式而言，根据《农民合作社法》的规定，农民专业合作社的盈余主要按照成员与农民专业合作社的交易量（额）比例返还，可分配盈余按成员与本社的交易量（额）比例返还的返还总额不得低于可分配盈余的 60%，返还后的剩余部分，以成员账户中记载的出资额和公积金份额，以及合作社接受国家财政直接补助和他人捐赠形成的财产平均量化到成员的份额，按比例分配给本社成员；经成员大会或者成员代表大会表决同意，可以将全部或者部分可分配盈余转为对合作社的出资，并记载在成员账户中；具体分配办法按照章程规定或者经成员大会决议确定。根据《农民合作社法》的规定，盈余分配方案属于农民专业合作社成员大会的职权，且由合作社成员表决权总数过半数通过。由于帮助农民脱贫致富本身就是合作社的社会目标，因此，合作社将利润分配给社员，就是在实现合作社的社会目标。因此，合作社根据其自身的具体情况，在章程中规定合作社每年利润中超过 50% 的部分用于实现其社会目标，不但不会违反《农民合作社法》的规定，而且是《农民合作社法》的强制性要求。至于剩余资产的分配，根据《农民合作社法》和财政部、农业农村部发布的《农民专业合作社解散、破产清算时接受国家财政直接补助形成的财产处置暂行办法》的规定：农民专业合作社接受国家财政直接补助形成的财产，在解散、破产清算时，不得作为可分配剩余资产分配给成员，应当优先划转至原农民专业合作社所在地的其他农民专业合作社，也可划转至原农民专业合作社所在地的村集体经济组织或者代行村集体经济组织职能的村民委员会；因农业结构调整、生态环境保护等原因导致农民专业合作社解散、破产清算的，剩余财产中国家财政直接补助形成的财产，应当优先划转至原农民专业合作社成员新建农民专业合作社，促进转产转业。除了对剩余财产分配用途的限制，并无其他的限制，由清算组负责制定分配剩余财产在内的清算方案，经成员大会通过或者申请人民法院确认后实施。因此，对于农民专业合作社接受国家财政直接补助形成的财产，必须要划拨至能助力农民生产生活的其他农民专业合作社或村集体经济组织或者代行村集体经济组织职能的村民委员会，而对于农民合作社的其他财产，在正常清算的情况下是可以由成员大会决定如何处理的，如果在章程中事先约定了该等其他财产超过 50% 的部分用于分配给作为成员的农民或实现其他社会目标，则可以满足社会企业的相关标准。

就民办非企业单位、基金会、社会团体和宗教活动场所而言，根据相关法律法规的规定，这四类组织按照国家有关规定取得的合法收入必须用于章程规定的业务活动或与其宗旨相符的活动以及公益慈善事业，不得用于分配，剩余财产也应当用于与其宗旨相符的事业或按照章程的规定用于公益目的，或者转赠给与该组织性质、宗旨相同的组织。因此，这四类组织完全符合社会企业关于利润和剩余财产须至少有 50% 部分用于实现其社会目标的要求。

（五）是否可以在章程等基本治理文件中确保利益相关方对组织决策权的共享

就公司这一组织形式而言，《公司法》第 20 条明确规定："公司从事经营活动，应当充分考虑公司职工、消费者等利益相关者的利益以及生态环境保护等社会公共利益，承担社会责任。"而根据《公司法》第 68 条和第 120 条的规定，有限责任公司或股份有限公司董事会成员为 3 人以上，其成员中可以有公司职工代表。职工人数 300 人以上的有限责任公司或股份有限公司，除依法设监事会并有公司职工代表的外，其董事会成员中应当有公司职工代表。由此可见，《公司法》是鼓励职工等利益相关者参与到公司决策或监督机构中的（某些情况下上述鼓励性还会转化为强制性），故而，如公司在章程中约定职工等利益相关者通过担任董事参与公司的决策，则完全符合《公司法》的规定。

对于合伙企业而言，由于决策机构系合伙人大会或者执行事务合伙人，而合伙协议也是唯一能够对外公示决策权的治理文件，因此如果职工等利益相关者要参与决策机构的决策，则须成为合伙人，因此对于合伙企业而言，其无法在合伙协议中保证除了合伙人以外的利益相关方对组织决策权的共享。

对于个人独资企业而言，因其缺乏一个基本治理文件去宣称和确保职工等利益相关者享有相关决策权，故其无法满足社会企业的相应要求。

对于城镇集体所有制企业而言，根据《城镇集体企业条例》，职工有权参加企业民主管理，监督企业各项活动和管理人员的工作，集体企业的职工（代表）大会享有制定、修改集体企业章程，按照国家规定选举、罢免、聘用、解聘厂长（经理）、副厂长（副经理）以及决定企业经营管理的重大问题、职工生活福利的重大事项等权限。可见，职工参与城镇集体所有制企业的决策系法定权利，章程等基本治理文件必然会体现及确保这一法定权利。对于乡村集体所有制企业而言，根据《乡村集体企业条例》的规定，职工有参加企业民主管理，对厂长（经理）和其他管理人员提出批评和控告的权利，企业职工大会或者职工代表大会有权对企业经营管理中的问题提出意见和建议，评议、监督厂长（经理）和其他管理人员，维护职工的合法权益。因此，如具备企业法人资格的乡村集体所有制企业在章程中约定职工等利益相关者通过某些方式享有决策权，则并不与《乡村集体企业条例》相冲突。

就农民专业合作社这一组织形式而言，根据《农民合作社法》的规定，农民专业合作社成员大会由全体成员组成，是合作社的权力机构，享有修改章程、选举和罢免理事长、理事、执行监事或者监事会成员以及其他重大事项的决策权。农民专业合作社的成员中，农民至少应当占成员总数的80%。农民专业合作社成员大会选举和表决，实行一人一票制，成员各享有一票的基本表决权，出资额或者与本社交易量（额）较大的成员按照章程规定，可以享有附加表决权，但附加表决权总票数不得超过本社成员基本表决权总票数的20%。鉴于农民专业合作社的主要服务对象即社员，促进农民农业农村发展是其社会目标，上述规定能确保农民为主体成员的农民专业合作社的决策权掌握在农民手中，而农民专业合作社的章程也须符合前述规定，这就决定了农民专业合作社能够符合社会企业关于章程等基本治理文件中确保利益相关方对组织决策权的共享的要求。

就民办非企业单位、基金会、社会团体和宗教活动场所而言，根据相关法律法规的规定，社会团体是为实现会员共同意愿而成立的组织，其最高权力机构是会员组成的会员（代表）大会；民办非企业单位、基金会的决策机构是理事会，基金会的理事会成员一般由发起人、主要捐赠人等共同提名确定，民办非企业单位理事会成员一般由举办者、出资者、行政负责人、职工代表等组成；宗教活动场所管理组织由宗教教职人员、所在地信教公民代表和其他有关人员等组成。由此可看出，民办非企业单位、基金会、社会团体和宗教活动场所的决策机构依法均有利益相关方分享决策权，故具有法人资格的民办非企业单位、基金会、社会团体和宗教活动场所的章程也将会确保该等利益相关方的决策参与权。

综上分析，在我国目前的法律框架下，可以在乡村集体所有制企业、农民专业合作社、民办非企业单位、基金会、社会团体、宗教活动场所这些组织形式中选择符合社会企业标准的法律主体赋予社会企业的资格。而如果社会企业要选择公司和城镇集体所有制企业这两种组织形式的话，《公司法》《城镇集体企业条例》关于剩余资产分配的强制性规定将成为公司、城镇集体所有制企业符合本书所界定的社会企业的阻碍。

在本章的后续部分，笔者将选择当代世界主流的社会企业的三种主流组织形式——公司、非营利组织、合作社，分析如何在我国已有立法的基础上建构社会企业立法。

第三节　公司型社会企业立法的建构——以《公司法》的完善为核心

2024年《公司法》的其中一个亮点是进一步加强公司

社会责任，将原《公司法》第 5 条第 1 款"公司从事经营活动，必须遵守法律、行政法规，遵守社会公德、商业道德，诚实守信，接受政府和社会公众的监督，承担社会责任"的规定拆分细化为第 19 条"公司从事经营活动，应当遵守法律法规，遵守社会公德、商业道德，诚实守信，接受政府和社会公众的监督"和第 20 条"公司从事经营活动，应当充分考虑公司职工、消费者等利益相关者的利益以及生态环境保护等社会公共利益，承担社会责任。国家鼓励公司参与社会公益活动，公布社会责任报告"。与 2024 年《公司法》对原《公司法》的其他修改相比，此处改动并不起眼，但立法者在修改说明中将该修改单独列为修订草案的七大主要修改内容之一，可见立法者对公司承担社会责任之制度建设的重视。然而，笔者认为，2024 年《公司法》关于公司社会责任的修改过于保守，没有为公司型社会企业的发展提供制度支持，未来的公司法修改应对此予以着墨，弥补 2024 年《公司法》留下的缺憾。

一、为何要推动公司型社会企业立法

（一）公司型社会企业的发展对实现我国共同富裕目标大有裨益

到 21 世纪中叶基本实现全体人民共同富裕，是中国共产党十九大确立的第二个百年奋斗目标的重要内容。2021 年 8 月 17 日，习近平总书记在中央财经委员会第十次会议上指出，我国当前已经到了扎实推动共同富裕的历史阶段。社会企业作为一种同时兼顾社会和财务目标的组织形态，是助力物质财富和精神财富均达到富裕状态之极其有效的载体，推动社会企业的发展将有助于共同富裕的实现。社会企业既可以以非营利组织的形式存在，又可以以营利组织的形式存在。公司型社会企业尤其是以股份有限公司形式存在的社会企业由于可以吸引更多的希望兼顾社会回报和财务回报的投资者，故应尽快在制度上对该等类型的社会企业予以保障，以促进其发展。

（二）现行立法未为公司型社会企业的发展留下制度保障空间

《民法典》第 86 条虽然提到营利法人要承担社会责任，但点到为止，寥寥几字。2024 年《公司法》虽然特地增加了第 19 条和第 20 条规定社会责任，但也仅是一句带过。《上海证券交易所上市公司自律监管指引第 1 号——规范运作》《深圳证券交易所上市公司自律监管指引第 1 号——主板上市公司规范运作》《深圳证券交易所上市公司自律监管指引第 2 号——创业板上市公司规范运作》虽然设立"社会责任"专章，对上市公司如何履行社会责任进行了相对细化的规定，并要求"上证公司治理板块"样本公司、境内外同时上市的公司及金融类公司、"深证 100"样本公司应当在年度报告披露的同时披露公司履行社会责任的报告。2024 年 4 月 12 日，《上海证券交易所上市公司自律监管指引第 14 号——可持续发展报告（试行）》《深圳证券交易所上市公司自律监管指引第 17 号——可持续发展报告（试行）》《北京证券交易所上市公司持续监管指引第 11 号——可持续发展报告（试行）》发布并于 2024 年 5 月 1 日起实施，该等指引要求上证 180 指数、科创 50 指数样本公司、深证 100 指数、创业板指数样本公司以及境内外同时上市的公司应当披露《上市公司可持续发展报告》或者《上市公司环境、社会和公司治理报告》，鼓励其他上市公司自愿披露《上市公司可持续发展报告》或者《上市公司环境、社会和公司治理报告》，根据交易所相关规定应当披露社会责任报告的上市公司，按照前述指引规定披露或自愿披露《可持续发展报告》的，无须再披露社会责任报告。但综观上述相关规定，整体而言还仅停留在从利益相关者的角度要求上市公司践行社会责任，要求上市公司不要给社会带来负外部性，即"不要对社会有害"，而作为社会企业的组织，则并不会仅止步于此，而是进一步强调自身的使命在于为社会带来正外部性，即"给社会增益"。而要确保公司"给社会增益"，则必须要从公司社会使命的维护、公司利润用途、公司治理、公司剩余财产用途等方面予以保障，但我国包括《民法典》《公司法》等立法均未为公司型社会企业的发展提供制度保障。

从地方层面看，据笔者的不完全统计，自 2011 年 6 月《中共北京市委关于加强和创新社会管理全面推进社会建设的意见》首次在地方规范性文件中提及"社会企业"这一概念以来，截至 2024 年 4 月 30 日已有约 40 个省或市在其规范性文件中使用"社会企业"这一概念，但除成都等个别地方外，上述地方规范性文件基本上仅限于提及这一概念，并未对什么是社会企业予以界定，更未对如何发展社会企业予以着墨。

因此，整体而言，我国现行立法尚未赋予公司型社会企业以合法身份，未为公司型社会企业的发展留下制度保障空间。

（三）我国已有的社会企业认证实践可为未来公司型社会企业立法提供实证基础

2015 年，广东省佛山市顺德区社会创新中心第一个开启了地方性社会企业的认定工作，后续中国慈展会、成都市、北京市等也开展了社会企业认定工作，分别呈现出认定范围的地方性和全国性、认定推动的政府主导和行业主导的不同特点。总体来看，社会企业行业认定分为两大认证体系：（1）由中国慈展会所开创的全国性认定，属于行业认定；（2）地方性的社会企业认定，通过认证的社会企业能够得到当地政府认可与支持。❶ 以进行全国性认定的中国慈展会的社会企业认定及从中国慈展会社会企业认定脱胎而来的社会企业行业认定为例（具体认定执行工作由深圳市社创星社会企业发展促进中心运营的社会企业服务平台负责），根据截至 2024 年 4 月 28 日社会企业服务平台官网发布的信息，已通过其认证的各地社会企业达到近 600 家，遍布全国 27 个省（直辖市、自治区）的 47 个城市。❷ 而最早开展社会企业认定的地方认定机构广东省佛山市顺德区社会创新中心截至

---

❶ 社会企业认定平台.社会企业行业评价操作指南［EB/OL］.［2024-08-12］. https://csecc. csedaily. com/identification.

❷ 社会企业认定平台.关于我们［EB/OL］.［2024-04-28］. https://www. csedaily. com/about.

2022 年年底已认证当地的社会企业 44 家。❶ 而且，上述机构/地方对于社会企业的认定标准不尽一致，即便是同一个机构，其认定标准也不断在调整，但这些认定标准都将公司型企业纳入可认定为社会企业的组织形式之一，这些都为未来公司型社会企业立法提供了多元化的实证支持。

（四）国外相关立法可为我国未来公司型社会企业立法提供制度借鉴

虽然对社会企业的界定在各国理论界和实践界均仍未达成一致，但这并不妨碍社会企业在各国的迅猛发展。与社会企业的发展相适应，各国也开始关注社会企业的立法工作。大多数国家的立法中并无"社会企业"这一概念，但存在实质属于社会企业的公司，例如英国的社区利益公司（Community Interest Company）、加拿大的社区贡献公司（Community Contribution Company）、比利时的社会目的公司以及美国的共益公司（Benefit Corporation）、低利润有限责任公司（Low-profit Limited Liability Company，L3C）、弹性目标公司（Flexible Purpose Corporation）、社会目的公司（Social Purpose Corporation）、共益有限责任公司（Benefit LLC）等。❷

---

❶ 顺德社会创新中心 . 2022 年年报 ［EB/OL］.［2024-08-12］. https://www. ss-ic. org. cn/index/passage/details. html？artid=1301. 2023 年年报未披露截至 2023 年年底的社会企业认证情况。

❷ Anna Triponel, Natalia Agapitova. Legal Frameworks for Social Enterprise： Lessons from a Comparative study of Italy, Malaysia, South Korea, United Kingdom and United State, World Bank, Washington, DC［EB/OL］.［2024-08-12］. https：//openknowledge. worldbank. org/handle/10986/26397.

自意大利颁布关于社会合作社的第 381/1991 号法律开始，社会企业立法已遍及整个欧洲；如今，27 个欧盟成员国中有 21 个至少制定了一部关于这一主体的法律。❶ 比利时于 1995 年通过《社会目的公司法》，引入了社会企业资格，规定社会企业是指社会目的公司，并将社会企业区分为两大类：一为非营利组织，二为与一般公司无异的商业企业。❷ 但在《公司和社团法》改革后，比利时于 2019 年废除了这一做法，❸ 社会企业变成了一种资格认证，但规定只能由合作社在经济部部长的特许下获得该资格。❹ 2003 年芬兰通过《社会企业法》，创立了社会企业这一形式；❺ 韩国于 2007 年制定了专门规范社会企业的《社会企业育成法》，其中包括

❶ Henry Peter, Carlos Vargas Vasserot, Jaime Alcalde Silva. The International Handbook of Social Enterprise Law: Benefit Corporations and Other Purpose-Driven Companies [M/OL]. Springer Nature, 2023 [2024-08-12]: 153-171. https://link. springer. com/book/10. 1007/978-3-031-14216-1.

❷ 王名，朱晓红. 社会企业论纲 [J]. 中国非营利评论，2010, 6 (2)：1-31.

❸ EURICSE. Social enterprises and their ecosystems in Europe-comparative synthesis report (2020) [EB/OL]. (2020-01-01) [2023-05-18]. https://ec. europa. eu/social/main. jsp? advSearchKey = Social + enterprises + and + their + ecosystems+ in + Europe&mode = advancedSubmit&catId = 22&doc _ submit = &policyArea = 0&policyAreaSub = 0&country = 0&year = 0.

❹ Henry Peter, Carlos Vargas Vasserot, Jaime Alcalde Silva. The International Handbook of Social Enterprise Law: Benefit Corporations and Other Purpose-Driven Companies [M/OL]. Springer Nature, 2023 [2024-08-12]: 153-171. https://link. springer. com/book/10. 1007/978-3-031-14216-1.

❺ Pekka PÄTTINIEMI. Work Integration Social Enterprise in Filand [EB/OL]. [2024-08-12]. https://emes. net/content/uploads/publications/PERSE_WP_04-07_FIN. pdf.

公司形式的社会企业;❶ 2019 年 7 月，俄罗斯联邦政府颁布最新修订版的第 245 - Φ3 号《中小企业促进法》，首次将"社会企业"概念、特点及相关优惠支持政策等以联邦法律的形式予以确定。❷ 在美国，自马里兰州于 2010 年首次通过第一部关于共益公司的法律以来，截至 2020 年 11 月底，已经有 36 个州通过了相关共益公司的法律，另有 4 个州正在进行相关立法工作。❸ 目前，德国公司法学界也在探讨在《德国有限责任公司法》（GmbHG）框架下引入一种特殊的"资产锁定有限责任公司"（GmbH-gebV）并公布了立法建议草案，力图通过独立的法律形式来维持公司目的持续性。❹ 上述立法将从多个维度为我国未来公司型社会企业立法提供制度借鉴。

二、未来《公司法》中关于公司型社会企业的立法构想

由于社会企业的特殊性，因此有必要在未来的《公司法》中为公司型社会企业专设一章，对其定义、认定、章程中的特别要求、信息公开、保障其社会使命不容易更改的措施等方面作出规定，并对 2024 年《公司法》中适用于一般

❶ 金仁仙. 社会经济制度化发展——以韩国《社会企业育成法》为视角 [J]. 科学学与科学技术管理，2016（1）：38-45.

❷ 王浩杰. 俄罗斯社会企业立法实践及经验启示 [J]. 国有资产管理，2021（6）：69-71.

❸ Henry Peter, Carlos Vargas Vasserot, Jaime Alcalde Silva. The International Handbook of Social Enterprise Law: Benefit Corporations and Other Purpose-Driven Companies [M/OL]. Springer Nature, 2023 [2024-08-12]: 153-171. https://link. springer. com/book/10. 1007/978-3-031-14216-1.

❹ 张怀岭，柳翠. 公司制社会企业可持续性的制度困境及其破解 [J]. 北京理工大学学报（社会科学版），2024（3）：76-87.

公司但不适用于公司型社会企业的条款予以修订。《美国伊利诺伊州商业组织共益公司法》《美国得克萨斯州商业组织法》《美国路易斯安那州商业公司法》《美国佛罗里达州商业公司法》均采用在公司法或商业组织法中设专章的方式对共益公司或社会目的公司等进行规定。

（一）公司型社会企业专章规定中的主要内容设想

1. 公司型社会企业的界定与认定

笔者认为，我国公司型社会企业可以参照有些国家的规定取名为"社会目的公司"，并将其界定为：设立资金来源于非公共机构、以解决社会问题为宗旨、以市场化经营为主要手段，所得部分或全部利润再投入其社会目标建设，且社会目标持续稳定的非由公共机构拥有控制权的公司。在此界定基础上，再规定社会企业的认定、评估及资格丧失确定等工作由国务院另行作出具体规定。

2. 章程必备条款要求

对于公司型社会企业，需在未来的《公司法》中要求其章程必须明确其社会目标，并在章程中明确其每年利润用于实现其社会目标的比例，以及在公司解散时剩余财产用于其社会目标的比例，该等比例均不应少于50%。

3. 决策机制的特殊规定

由于社会企业的首要目标是社会目标，其创始人往往是社会目标的坚守者，创始人同时也是社会企业的灵魂人物，因此，对于可能影响社会企业追求其社会目标、保障其社会企业资格的事项，应在未来的《公司法》中赋予创始人（作为股东或/及董事）在股东会/董事会中的一票否决权。此外还可以考虑授予特定股东金股，这些金股的持有人只能是基金会等公益性组织，该等特定股东在前述事项中亦有一票否决权。而且，前述事项须经 2/3 以上表决权的股东同意方可通过。另外，也可以考虑在未能达到社会目标考核时，赋予金股持有人改选董事和管理层的权利，这样可以激励管理层在日常经营过程中保证社会目标不漂移，否则金股持有人只能否决重大事项的话，其实无法解决日常经营中确保社会使命的问题，而社会使命在日常经营中的体现不可忽视。此外还可以考虑设立共益董事，由其对社会企业实现社会目标的情况予以评价和监督，并在可能影响社会企业追求其社会目标、保障其社会企业资格的事项之决策中保有一票否决权。例如《美国伊利诺伊州商业组织共益公司法》规定共益公司中应包括一名共益董事，共益董事不仅需要具备一般董事的任职资格，而且要符合独立性的规定，独立性是指与共益公司或其子公司没有实质性关系，在以下情况中，某人与共益公司或其子公司将被认定为有实质性关系：（1）该人是或在过去三年内一直是该共益公司或其子公司的共益管理人员以外的雇员；（2）该人的直系亲属是或在过去三年内一直是该共益公司或其子公司的共益管理人员以外的执行官；（3）持有共益公司已发行股份的 5% 或以上的主体，或该主体的董事、高级职员或经理。共益董事应在年度共益报告中提供以下方面的意见：（1）在报告所涵盖的期间内，共益公司是否在所有重大方面都按照其一般共益目的和所有特定共益目的行事；（2）董事和管理人员是否分别遵守了该法规定的董事

和管理人员的行为准则，如果认为没有遵守须进行说明。❶

就社会企业使命的变更，英国作出了更严格的限制。根据《英国社区利益公司条例》，选择成为社区利益公司后就不能转换为一个普通的公司，只能解散公司或者转为慈善机构。而要更改 CIC 公司章程中的目标声明，CIC 必须向公司注册处提交以下文件：表格 CC04，更改章程宗旨声明的特别决议案的副本，更新章程的打印副本、一份已填写的表格 CIC14，其中包含由公司的每位董事签署的社区利益声明和已采取的步骤的声明，以使受公司活动影响的人员注意到。注册处将把文件提交给 CIC 监管机构，只有在监管机构批准的情况下才会对其进行注册。在文件登记之前，变更不生效。只有在以下情况下，监管机构才会批准变更：已采取足够的措施，使受影响的人注意到变更；章程继续符合 CIC 法规；社区利益公司会继续通过社区利益测试。❷

此外，为了体现社会企业的共享性特征，应规定作为社会企业的公司的董事会或监事会中应有员工代表，参与社会企业的决策或监督。2024 年《公司法》虽然也有员工参与决策或监督的规定，但对未设立监事会也无职工监事且员工人数在 300 人以下的公司，则无员工参与决策或监督的强制性要求。而社会企业作为具有共享性属性的企业，理应在此方面比一般公司遵循更高的标准。故只要是社会企业的公

---

❶　金锦萍，陶溥．外国社会企业立法译汇［M］．北京：中国社会科学出版社，2022：148-156.

❷　Community Interest Companies：Guidance［EB/OL］．［2024-08-12］. https://www.gov.uk/government/publications/community-interest-companies-how-to-form-a-cic.

司，应强制性要求必须有员工代表董事或监事，而且在关涉社会企业社会目标转变等可能改变社会企业属性等重大问题上，员工代表应有一票否决权，这样不但可以确保社会企业的社会使命不容易漂移，也在一定程度上实现了在"剩余控制权"上的社会所有制特征。

4. 信息公开要求

目前各国普遍对社会企业的信息公开均有要求。比如，作为社会企业发展比较成功的英国，其对社区利益公司（CIC）的信息披露就有着较为明确的规定。根据《英国社区利益公司条例》，社区利益公司董事有义务准备一份年度 CIC 报告，与公司的账目一起提交给公司注册处，这份报告将被公开记录在案。CIC 报告的目的是表明该公司仍然满足社区利益测试，并在开展活动时与其利益相关者进行了适当的接触，使社区受益。尽管 CIC 报告是独立于公司账目的独立文件，但没有理由不将其与董事报告和年度账目一起发送给股东和其他利益相关者。《英国社区利益公司条例》规定了该报告的最低要求，其中包括：CIC 为造福社区所做工作的详细信息；就其活动与利益攸关方进行协商的详细情况；已宣布（或提议）的股份股息和与业绩相关的已付利息的详细情况及其是否符合上限规定；为社区利益将资产以低于市场价值的价格转让给另一被锁定机构或以其他方式转让的信息，向董事支付的款项等。❶

---

❶ Community Interest Companies：Guidance［EB/OL］.［2024-08-12］. https：//www. gov. uk/government/publications/community-interest-companies-how-to-form-a-cic.

又如，《美国伊利诺伊州商业组织共益公司法》规定，共益公司应编制年度共益报告，并每年向每位股东发送该报告，该报告应包括如下主要内容：（1）选择用于编制该报告的第三方标准的过程和理由；（2）共益公司年内追求一般公共利益的方式和创造一般公共利益的程度；（3）公司追求章程所规定的作为共益公司目的的特定公共利益的方式以及该特定公共利益的创造程度；（4）任何阻碍公司追求一般公共利益目的和任何特定公共利益目的或创造一般公共利益和特定公共利益的情况；（5）据第三方标准对公司的整体社会和环境绩效进行评估；（6）说明共益董事和管理人员的姓名（如果有），以及与他们各自的通信地址；（7）公司年内向董事支付的报酬；（8）持有公司已发行股份5%以上的主体的姓名或名称；（9）共益董事对公司及董事和管理人员遵守相关行为准则的情况的说明；（10）建立第三方标准的组织或其董事和管理人员或实质所有者与共益公司或其董事、管理人员或实质所有者之间任何关系的声明，包括任何可能严重影响所使用的第三方标准的可信度的财务或管理上的关系。共益公司还应在其官方网站上（如有）公开发布其所有共益报告，但支付给董事的报酬及共益报告中包含的财务或专有信息可以从发布的共益报告中删除。《美国路易斯安那州商业公司法》《美国佛罗里达州商业公司法》中关于社会企业信息披露的规定基本与《美国伊利诺伊州商业组织共益公司法》保持一致。❶

---

❶　金锦萍，陶溥. 外国社会企业立法译汇［M］. 北京：中国社会科学出版社，2022：173-182.

借鉴其他国家的做法，未来的《公司法》应要求公司型社会企业在统一的企业信息公示系统及其官方网站向社会公示其年度报告，内容至少包括其主要财务数据、利润分配情况、向董事和高管支付薪酬的情况、为实现其社会目标所开展的相关工作及社会影响力评估情况，以便接受有关部门和社会的监督。此外，对于可能发生令其丧失社会企业资格的重大事项，应及时在统一的企业信息公示系统及其官方网站予以专项披露，包括章程中关于社会目标、利润分配、剩余财产分配的条款发生可能影响其社会企业资格的变更，或决定主动放弃或被动丧失社会企业资格等情况，并对违反信息披露义务的法律责任予以明确。

（二）对现行《公司法》已有相关规定的完善设想

2024 年《公司法》的若干条款规定可能会成为公司型社会企业发展的制度障碍，故须作出修改，主要体现在以下两个方面。

1. 关于公司连续五年不向股东分配利润时的异议股东回购权的规定

根据 2024 年《公司法》第 89 条和第 161 条的规定，公司连续五年不向股东分配利润，而公司该五年连续盈利，并且符合《公司法》规定的分配利润条件的，则对股东会该项决议投反对票的股东可以请求公司按照合理的价格收购其股权。由于公司型社会企业的特殊性，不排除有些公司型社会企业可能会在章程中作出完全不分配利润的规定，或者某些条件下/某段时间内完全不分配利润的规定，因此，在该条中应增加规定，公司型社会企业在章程中另有规定的，则从其规定。

2. 关于剩余财产分配的规定

根据 2024 年《公司法》第 236 条第 2 款的规定，公司财产在分别支付清算费用、职工的工资、社会保险费用和法定补偿金，缴纳所欠税款，清偿公司债务后的剩余财产，有限责任公司按照股东的出资比例分配，股份有限公司按照股东持有的股份比例分配。鉴于公司型社会企业的特殊性，应在此条增加规定公司型社会企业的剩余财产，应不少于 50% 用于其社会目标或捐赠给具有相同或类似目标的组织，具体由公司型社会企业章程作出规定。

第四节　合作经济组织型社会企业立法的建构——以《农民专业合作社法》的完善为核心

一、合作经济组织型社会企业立法的必要性

合作经济组织已有 100 多年的发展历史。1844 年英国的罗虚戴尔公平先锋社（Rochdale Equitable Pioneers Society）堪称世界上最早的合作经济组织。❶ 中国共产党成立后就开始关注合

---

❶ 刘大洪，邱隽思. 我国合作经济组织的发展困境与立法反思 [J]. 现代法学，2019，41（3）：169-180.

作社问题。1922 年，安源路矿工人大罢工胜利后，成立了安源路矿工人消费合作社，这是中国共产党领导的最早的合作社。❶

根据国际合作社联盟（International Co-operative Alliance，ICA）的定义，合作社是指"人们自愿联合起来，通过共同拥有和民主控制的组织，满足其共同的经济、社会和文化需求和愿望的自治联合体"。ICA 还申明了合作社的七项基本原则：自愿和开放的成员制；民主的成员控制；成员的经济参与；自治与自立；教育、培训和信息；合作社间的合作；关注社区。❷

有学者认为合作经济组织具有如下特性：（1）合作经济组织法人在设立目的上具有同业互助性。合作经济组织致力于解决的是具有同类需求的全体成员在生产、生活上的协作性、互助性目标，如融通生产生活资金、发掘和维护产品的经销渠道等，在满足这些需求的过程中，合作经济组织所从事的生产经营活动可能有所盈余，但盈余本身不是此类法人运行的目的，而是在满足成员需求前提下的附带结果，因此有别于营利法人所追求的资本利益最大化原则。与此同时，合作经济组织所追求的上述目标又仅局限于成员范围内的利益需求，它并不关注归属于同类行业，但并未加入该组织的其他主体的利益。（2）合作经济组织法人在内部组织上遵循

---

❶ 郭铁民. 中国共产党领导百年农民合作社发展的"三个逻辑"［J］. 福建论坛（人文社会科学版），2021（12）：5-22.

❷ International Co-operative Alliance：Statement on the Co-operative Identity［R/OL］.（1995-09-23）［2024-01-05］. http：//www. Gdrc. org /icm/coop-principles. html.

人合性，但亦体现适度、有限的资合性，要原则上奉行"一人一票"规则。对待合作经济组织的决策性事务，各成员之间不论其身份、规模、影响力和实际出资数额，都平等地享有一票表决权。在盈余回报方面，合作经济组织也并非依照成员的入资比例分配盈余，而是根据成员实际参与交易的比例，即谁对合作经济组织的互助性、协作性功能"贡献率"高，谁的盈余分配就高，这实质是一种"按劳分配"而非"按资分配"的人合性逻辑。❶

从国际合作社联盟及前述学者关于合作社的定义、基本原则和特征的描述中可以看出，合作社拥有与社会企业高度契合的特质，而欧洲许多国家的主流社会企业正是以合作社的形式出现的。在中国，自中华人民共和国成立后，合作社曾长期作为集体经济发展的承载组织形式之一，合作社的"合作制"本质被长期忽略，直至《中华人民共和国农民专业合作社法》出台后，方在法律层面正式确立了农民专业合作社的合作制特质。但该法尚无法胜任合作经济组织形式的社会企业立法的重任，这主要体现在如下几个方面。

（一）我国《农民专业合作社法》无法覆盖其他合作经济组织类型，不利于利用合作经济组织模式推广社会企业

自中华人民共和国成立以来，从形式上来说，主流的合作经济组织类型主要包括供销合作社、农民专业合作社、信

---

❶ 黎桦，徐洪斌．合作经济组织法人的规范解释、发展境况与法律续造[J]．西南民族大学学报（人文社会科学版），2023，44（5）：62-70.

用合作社三类。供销合作社作为一个几乎与新中国同时诞生的经济组织，长期以来担任着国家控制农村经济的重要抓手角色，❶ 由于本身具有传承自计划经济体制的运作传统和编制基础，在实际运行中，作为成员的农业生产者、个体经营者难以发挥其意志和作用，存在以政府干预意志取代成员决议的倾向。严格来说，与其说当前的各级供销合作社及其联合社系统属于合作经济组织，倒不如说它们更像是机关法人、集体所有制企业法人和合作经济组织法人一种独特的"混合体"。相较供销合作社，农民专业合作社虽在实践中不乏政府培育和扶持的色彩，但它更主要的是基于市场驱动和农民自主选择所产生的合作社类型。❷ 至于信用合作社，经过几十年的改革变迁，城市信用合作社目前已不复存在，农村信用合作社大部分已转为农村商业银行，少部分虽仍保留合作社的名义或以"农村合作银行"为名运作，但已无合作经济组织之实，而与一般的商业银行无异。有趣的是，就在国家清理整顿农村信用合作社的同时，中国银监会于2007年1月发布《农村资金互助社管理暂行规定》，为新型农村合作金融组织——农村资金互助社提供了制度保障。根据《农村资金互助社管理暂行规定》第2条的规定，农村资金互助社是指经银行业监督管理机构批准，由乡（镇）、行政村农民和农村小企业自愿入股组成，为社员提供存款、贷款、结算等业务的社区互助性银行业金融机构。该暂行规定

---

❶ 谭赛.《供销合作社条例（送审稿）》中"合作制"定位及相关内容评析 [J]. 时代法学, 2020, 18 (5)：86-94.

❷ 黎桦，徐洪斌. 合作经济组织法人的规范解释、发展境况与法律续造 [J]. 西南民族大学学报（人文社会科学版），2023，44 (5)：62-70.

还对互助社的权力机构、社员大会的表决制度、社员股金和积累的转让、继承和赠与等进行了规定，相关规定确保了农村资金互助社的合作属性。

我国还曾经出现过住房合作社。1988 年《国务院关于印发在全国城镇分期分批推行住房制度改革实施方案的通知》中要求暂时没有进入改革行列的城镇，要积极创造条件，先实行新房新租，旧房超标准加租，以及集资建房，组织建房合作社等单项改革。1992 年，国务院住房制度改革领导小组、建设部、国家税务局印发《城镇住宅合作社管理暂行办法》，根据该办法的规定，住宅合作社是指经市（县）人民政府房地产行政主管部门批准，由城市居民、职工为改善自身住房条件而自愿参加，不以盈利为目的公益性合作经济组织，具有法人资格；住宅合作社包括以下三类：（1）由当地人民政府的有关机构，组织本行政区域内城镇居民参加的社会型住宅合作社；（2）由本系统或本单位组织所属职工参加的系统或单位的职工住宅合作社；（3）当地人民政府房地产行政主管部门批准的其他类型的住宅合作社。上述住宅合作社是伴随 20 世纪 80 年代开始的住房商品化改革而产生的，是我国特定历史条件下的政策性产物，是住宅商品化改革时期的过渡产品，带有强烈的行政色彩和福利分房性质。随着我国住房市场的快速发展，特别是商品房供给的大量增加和住房制度改革重点的转移，传统的住宅合作社已逐渐式微。❶ 目前，我国的住宅合作社虽不能说完全消失，但也基

---

❶ 孙晓红．合作社立法模式问题研究 [M]．北京：知识产权出版社，2012.

本偃旗息鼓，部分依然保留的住宅合作社则通常归口当地民政部门或建设部门管理，处理一些旧危房改造开发、建房基金的统筹管理等遗留性事务，已不具有合作经济组织的实质。❶

近年来，我国开始重视合作经济组织在乡村振兴中的作用。2015 年，中共中央、国务院发布《关于深化供销合作社综合改革的决定》，提出供销合作社改革的目标是"打造成为与农民联结更紧密、为农服务功能更完备、市场化运行更高效的合作经济组织体系，成为服务农民生产生活的生力军和综合平台，成为党和政府密切联系农民群众的桥梁纽带，切实在农业现代化建设中更好地发挥作用"。2021 年颁布的《乡村振兴促进法》第 23 条规定："各级人民政府应当深化供销合作社综合改革，鼓励供销合作社加强与农民利益联结，完善市场运作机制，强化为农服务功能，发挥其为农服务综合性合作经济组织的作用。"首次在法律层面明确了供销合作社未来的改革定位是"为农服务综合性合作经济组织"。2018 年，中华全国供销合作总社在其发布的《关于全面提升基层为农服务质量在实施乡村振兴战略中发挥更大作用的指导意见》中提出："持续提升农民专业合作带动能力。认真贯彻实施新修订的《农民专业合作社法》，推进农民专业合作社加快发展、加强规范、加大联合。鼓励基层社、社有企业直接出资入股，与村集体经济组织、农民共同创办多种类型的农民专业合作社，加快发展一批农村股份合作社、

❶ 刘大洪，邱隽思. 我国合作经济组织的发展困境与立法反思 [J]. 现代法学，2019，41（3）：169-180.

乡村旅游合作社、文化合作社、消费合作社、农村公共管理合作社。"根据笔者在天眼查的搜索结果，目前仍然存续的合作社中可查询到含有股份合作社、消费者合作社、文化合作社、农村公共管理合作社、乡村旅游合作社名称的合作社。

继2017年《民法总则》正式明确合作经济组织作为特别法人的法律地位后，2021年实施的《民法典》承继了《民法总则》对合作经济组织的上述定位。但无论是《民法总则》还是《民法典》，只是完成了对合作经济组织法人属性的宣示性规定，有关其设立目的、成员身份、内部组织、运行规则、政策待遇等的具体问题，依然缺乏明确的规范指引。因此，有必要在《民法典》之外，对合作经济组织法人进行系统性的制度续造，使其克服发展中存在的局限性，从真正意义上解决各类弱势群体尤其是农民的互助性、协作性需求。❶ 而我国目前除了《民法典》，针对合作经济组织的专门性法律仅一部《农民专业合作社法》，但该法适用的合作社仅仅是农民专业合作社，农民专业合作社是指"在农村家庭承包经营基础上，农产品的生产经营者或者农业生产经营服务的提供者、利用者，自愿联合、民主管理的互助性经济组织"，该组织"以其成员为主要服务对象，开展以下一种或者多种业务：（一）农业生产资料的购买、使用；（二）农产品的生产、销售、加工、运输、贮藏及其他相关服务；（三）农村民间工艺及制品、休闲农业和乡村旅游资源的开发经营

---

❶ 黎桦，徐洪斌. 合作经济组织法人的规范解释、发展境况与法律续造 [J]. 西南民族大学学报（人文社会科学版），2023，44（5）：62-70.

等；（四）与农业生产经营有关的技术、信息、设施建设运营等服务"。❶《农民专业合作社法》覆盖的合作经济组织类型少，已经无法满足实践中不同合作领域之多元合作需求。正因如此，早在 2012 年，李乾元等 30 名全国人大代表就提出了关于制定农业合作组织基本法的议案，议案提出，我国农民专业合作社只是农业合作经济组织的一个组成部分，建议制定农业合作组织基本法，对各类型合作经济组织共同的问题进行统一规范，在此基础上，再针对特殊领域的合作经济组织制定专门法予以规范。❷

（二）我国现行《农民专业合作社法》的相关规定无法满足保障合作经济组织型社会企业发展的需求

《农民专业合作社法》颁布后，农民专业合作社有了合法的身份，农民专业合作社的设立数量大幅增长，合作社的设立对促进农民增收也产生了一定的效果。但同时也存在许多不尽如人意的地方。比如，从农民合作社的发展实践来看，实力较强的合作社通常是由龙头企业或专业大户领办。龙头企业领办农民合作社，资本占据主导地位，合作社本质上是企业的原料基地，企业与农户之间只是单纯的契约关系，龙头企业控制着合作社的决策权和盈余分配权，农户只不过是企业的原料供给方，两者并未形成"收益共享、风险

---

❶ 《中华人民共和国农民专业合作社法》第 2—3 条。
❷ 《全国人民代表大会农业与农村委员会关于第十一届全国人民代表大会第五次会议主席团交付审议的代表提出的议案审议结果的报告》。

共担"的利益共同体；专业大户领办合作社，通常由生产经营规模较大的大户主导，为了降低交易成本，他们更愿意设立入社门槛，排斥小农户加入合作社，合作社不再是弱势农户的联合体。虽然《农民专业合作社法》规定社员大会是合作社的权力机构，是全体成员行使民主管理权利的机构，但即使在那些运行情况较好的合作社中，合作社核心成员剥夺普通社员决策权的现象也仍旧存在，民主管理基本让位于精英治理。合作社的重大决策权往往掌握在少数核心社员手中，《农民专业合作社法》规定的合作社盈余按交易量返还也无法落实，农户利益被剥夺的现象时有发生。这不仅违背了合作社的基本原则，而且阻碍了农民合作社的可持续发展。❶

又如，由于《农民专业合作社法》规定农民专业合作社的成员中，农民至少应当占成员总数的80%，成员总数在20人以下的，可以有一个企业、事业单位或者社会组织成员；成员总数超过20人的，企业、事业单位和社会组织成员不得超过成员总数的5%，而且可分配盈余主要按照成员与合作社的交易量（额）比例返还，这样实际上会限制"慈善资本"对合作社的投资，使得合作社的资本利用效率较低。应该试图寻求一种既可以确保成员以农民为主但又能有效利用社会资本尤其是慈善资本的制度，这样有利于合作社的良性发展。

二、合作经济组织型社会企业立法建议

首先，在立法模式上，笔者认为应以《农民专业合作社

---

❶ 黄道新，王真. 农民合作社的发展现状与挑战——纪念《农民专业合作社法》颁布十周年 [J]. 中国合作经济，2016（10）：14-18.

法》为基础，将农民专业合作社及其他合作社共性的规范统合起来，升格为《合作经济组织法》中的一般性规定，这部分规定适用于所有的合作经济组织，主要包括合作经济组织的定义和特征、成员资格及其类别和承继、基本治理结构、决策机制、盈余分配机制、国家政策支持等。在该等一般性规定的基础上，另行对常见的且可能需要实行特殊规定的一些合作社类别予以专章规定，比如农民专业合作社、供销合作社、金融合作社、住房合作社、公共管理合作社。❶

其次，《合作经济组织法》应尽可能罗列出不同的合作经济组织类型，并对其主要特征予以描述，以指引相关合作经济组织的设立。根据统计，按所有者和业务活动为标准划分，当前世界上比较常见的合作社类型包括：（1）营销或生产者合作社：由联合起来加工或销售其产品的生产者拥有和民主控制的合作社。（2）工人合作社：工人所有者拥有和民主控制的合作社，工人合作社使成员能够在质量和经济方面获得比市场上更有利的工作条件。（3）零售合作社：为了成员（零售商）的利益，在竞争条件下购买和供应商品和服务而成立的合作社。（4）采购合作社：为了从选定的供应商那里获得更低的价格而形成的总需求合作社，常用于降低采购成本。（5）金融合作社，包括合作银行、信用社、保险及其他金融服务合作社。提供银行和金融中介服务的私营合作企业，由其成员客户（如借款人和存款人）民主控制。（6）住房合作社：为以比市场上更优惠的条件提供自有或租赁财产而成

---

❶ 黎桦，徐洪斌. 合作经济组织法人的规范解释、发展境况与法律续造[J]. 西南民族大学学报（人文社会科学版），2023，44（5）：62-70.

立的合作社。这一类合作社包括住房合作社和建筑行业的合作社。(7) 社会合作社：管理卫生、社会或教育服务以及促进社会弱势群体融入工作的生产活动的合作社。[1]

最后，借鉴其他国家和地区的做法，扩宽合作社的融资渠道，对合作社的出资予以类型化。域外部分国家合作社法一般有资格股（membership Shares）、追加股（additional or supplementary shares）和投资股（investment or voluntary shares）的类型化设计。例如，《芬兰合作社法》就对资格股、追加股和投资股作了规定。《加拿大合作社法》也规定了资格股和投资股。(1) 资格股。资格股是合作社成员取得成员身份需缴纳的数额相同、享有同等权利的出资。资格股按一人一票行使表决权。《加拿大合作社法》规定资格股的同等权利包括获取股息的权利、合作社解散获取剩余财产的权利。(2) 追加股。追加股是成员在缴纳资格股之后应当承担的额外出资义务。追加股获取固定利息，且一般不能作为享有附加表决权的依据。《芬兰合作社法》规定，不给予追加股在成员大会上表决权，追加股除从合作社盈余中获取章程规定的报酬外，不再享有其他盈余分配权利。(3) 投资股。投资股是为吸引外部融资，超过追加股之外，可由成员和非成员自愿认购的出资。投资股参与盈余和清算资产的分配，但一般不享有任何决策权，就成员而言，也不赋予其额外决策权，即使赋予其投票权，也是有限的。投资股往往被

---

[1] Andres Felipe Camargo Benavides, Michel Léon Ehrenhard. Rediscovering the Cooperative Enterprise: A Systematic Review of Current Topics and Avenues for Future Research [J]. Voluntas, 2021, 32.

设置为优先股，优先获得固定股息，不享有一般表决权，只享有重大事项表决权。《加拿大合作社法》规定投资股在成员大会上没有表决权。❶美国怀俄明州最早于 2001 年制定的《加工合作社法》中对投资股社员的资格和投票权利等进行规制，相似的法律规则也出现在《明尼苏达州合作社法》《得克萨斯州加工合作社法》《爱达荷州合作社法》和《威斯康星州合作社法》中。美国统一州法全国委员会（The National Conference of Commissioners on Uniform State Laws）在有关州立法的基础上于 2008 年制定了《统一有限合作社法》。尽管该部法案不具有法律效力，但是为各州的合作社立法提供了示范性法律 文本。《统一有限合作社法》中对投资股作了更为详细的规定。《欧盟合作社指令》（第 1435/2003号）也详细规定了非利用社员（投资股社员）资格取得、投资股社员担任监督部门成员的限制、投资股社员担任管理部门成员的限制、投资股社员的投票权限制、出席社员大会最低人数的要求。当然，《欧盟合作社指令》中的投资股是指投资股持有人不利用、不享受合作社提供的服务的权利人，投资股持有人又称为投资股社员或者非利用社员。投资股社员享有的投票权尽管是以其出资额作为基础，但是其享有投票权的数量和投票事项范围受到严格的限制。❷通过上述设计，既能解决合作社的融资瓶颈，又可以防止合作社成为"资本话事"的企业。

---

❶ 高海.《农民专业合作社法》的改进与完善建议［J］. 农业经济问题，2018（5）：43-52.

❷ 李慧雯，孟飞，张爱聆. 合作社社员投票权的标准［J］. 金融经济，2017（14）：160-162.

第五节　非营利组织型社会企业相关立法的建构——以现行非营利组织相关立法完善为核心

一、对非营利组织相关立法进行完善的必要性

（一）非营利组织的现行立法无法为非营利组织转型为社会企业应具备的"市场化"特性提供合法性基础

社会企业亦有可能以非营利组织的形式存在，对于非营利组织来说，其天然地具备社会企业所拥有的社会性和共享性特性，我国现行关于非营利组织的相关立法却可能使其缺乏社会企业的"市场化"特性，从而可能使非营利组织无法顺利转型为社会企业。目前我国非营利组织的具体法律组织形式主要包括社会团体、民办非企业单位、基金会，而规范这三种组织形式的相关立法都不同程度地在社会企业的"市场化"这一特性上存在制度供给不足的问题。

《社会团体登记管理条例》第 4 条第 2 款规定："社会团体不得从事营利性经营活动。"第 26 条第 1、2 款规定："社会团体的资产来源必须合法，任何单位和个人不得侵占、私分或者挪用社会团体的资产。社会团体的经费，以及开展章程规定的活动按照国家有关规定所取得的合法收入，必须用

于章程规定的业务活动，不得在会员中分配。"第30条规定："社会团体有下列情形之一的，由登记管理机关给予警告，责令改正，可以限期停止活动，并可以责令撤换直接负责的主管人员；情节严重的，予以撤销登记；构成犯罪的，依法追究刑事责任：……（二）超出章程规定的宗旨和业务范围进行活动的；……（六）从事营利性的经营活动的；……"前述"不得从事营利性经营活动"的规定给社会团体带来很大的困扰，以至于社会团体对于其是否可以从事经营活动，如何从事经营活动踌躇不前。为此，民政部、原国家工商行政管理局于1995年7月10日联合下发《关于社会团体开展经营活动有关问题的通知》（民社发〔1995〕14号，该通知于2010年被废止）指出："一、本通知适用于经社会团体登记管理机关核准登记的社会团体（基金会除外）。……三、社会团体开展经营活动，可以投资设立企业法人，也可以设立非法人的经营机构，但不得以社会团体自身的名义进行经营活动。社会团体从事经营活动，必须经工商行政管理部门登记注册，并领取《企业法人营业执照》或《营业执照》。"这一通知虽然明确了社会团体可以开展经营活动，但限制其从事经营活动的形式，即社会团体自身不能从事经营活动，只能通过投资设立其他经营机构的方式间接进行。这就极大地限制了社会团体从事经营活动的方式，而且导致《社会团体登记管理条例》第4条第2款规定的"营利性经营活动"似乎就被等同于"经营活动"，从而使得社会团体对自身正在进行的经营性活动是否合规产生疑虑，因为该等经营性活动很可能并非《社会团体登记管理条例》第26条规定的"章程规定的活动"。此外，虽然是通过投资设立企业法人或非法人经营机构的方式从事经营活动，但对于这些经营活动是否也必须受限于社会团体的"章程规定的宗旨和业务范围"仍然存有疑问。2002 年，民政部办公厅出具的《关于社会团体兴办经济实体有关问题的复函》（民办函〔2002〕21 号）中明确指出："作为非营利性组织，社会团体与公司、企业等营利性组织的主要区别不在于是否营利，而在于营利所得如何分配。社会团体的资产及其所得，任何成员不得私分，不得分红；社会团体被注销后，剩余财产应移交给同类其他非营利性组织，用于社会公益事业。社会团体不同于机关和全额拨款的事业单位，其经费仅靠会费、捐赠、政府资助等是远远不够的。兴办经济实体、在核准的业务范围内开展活动或服务取得收入，是社会团体活动费用的重要补充渠道，目的是促使其更加健康发展。为此，民政部、国家工商局于 1995 年 7 月 10 日联合下发了《关于社会团体开展经营活动有关问题的通知》（民社发〔1995〕14 号）。这个文件的精神与《社会团体登记管理条例》的规定没有冲突。"该复函明确"社会团体与公司、企业等营利性组织的主要区别不在于是否营利，而在于营利所得如何分配"，其目的是在于明确《关于社会团体开展经营活动有关问题的通知》中提及的社会团体可以兴办经济实体这一行为不属于"营利性经营活动"，但该复函并未规定社会团体是否可以直接从事经营活动，以及是否可以直接或通过兴办经济实体从事章程规定的宗旨和业务范围外的经营活动。因此，按照现行的相关规定，就社会团体从事经营活动事宜仍然存在两大疑问：（1）社会团体是否可以直接从事经营活动，还是必须设立企业法人或非法人经营机构来从事该等经营活动？（2）社会团体是否可以直接或间接从事章程规定的宗旨和业务范围外的经营活动？

《民办非企业单位登记管理暂行条例》第4条第2款规定："民办非企业单位不得从事营利性经营活动。"第21条规定："民办非企业单位的资产来源必须合法，任何单位和个人不得侵占、私分或者挪用民办非企业单位的资产。民办非企业单位开展章程规定的活动，按照国家有关规定取得的合法收入，必须用于章程规定的业务活动。"第25条规定："民办非企业单位有下列情形之一的，由登记管理机关予以警告，责令改正，可以限期停止活动；情节严重的，予以撤销登记；构成犯罪的，依法追究刑事责任：……（二）超出其章程规定的宗旨和业务范围进行活动的；……（六）从事营利性的经营活动的……前款规定的行为有违法经营额或者违法所得的，予以没收，可以并处违法经营额1倍以上3倍以下或者违法所得3倍以上5倍以下的罚款。"而根据民政部《关于印发〈民办非企业单位章程示范文本〉的通知》（民函〔2005〕24号）第26条的规定，民办非企业单位的经费来源包括：（1）开办资金；（2）政府资助；（3）在业务范围内开展服务活动的收入；（4）利息；（5）捐赠；（6）其他合法收入。从前述规定看，似乎可以得出结论：超出其章程规定的宗旨和业务范围进行活动取得的收入以及从事营利性经营活动取得的收入均不属于合法收入。

《基金会管理条例》第27条规定："基金会应当根据章程规定的宗旨和公益活动的业务范围使用其财产；捐赠协议明确了具体使用方式的捐赠，根据捐赠协议的约定使用。"第28条规定："基金会应当按照合法、安全、有效的原则实现基金的保值、增值。"第 42 条规定："基金会、基金会分支机构、基金会代表机构或者境外基金会代表机构有下列情形之一的，由登记管理机关给予警告、责令停止活动；情节严重的，可以撤销登记：（一）未按照章程规定的宗旨和公益活动的业务范围进行活动的……"根据民政部 2012 年发布的《关于规范基金会行为的若干规定（试行）》的规定：基金会应当严格区分交换交易收入和捐赠收入。通过出售物资、提供服务、授权使用或转让资产包括无形资产等交换交易取得的收入，应当计入商品销售收入、提供服务收入等相关会计科目，不得计入捐赠收入，不得开具公益事业捐赠票据；同时又规定，基金会不得直接宣传、促销、销售企业的产品和品牌；不得为企业及其产品提供信誉或者质量担保；基金会不得向个人、企业直接提供与公益活动无关的借款。从上述规定看，基金会应可以从事销售物资、提供服务等经营活动，但不得销售企业的产品，基金会的经营活动须限制在章程规定的宗旨和公益活动的业务范围，而且基金会可以进行保值增值活动。至于什么样的活动可以被视为合法的保值增值活动，该条例语焉不详。

民政部 2019 年 1 月 1 日起施行的《慈善组织保值增值投资活动管理暂行办法》（以下简称《保值增值暂行办法》）第 4 条规定："本办法所称投资活动，主要包括下列情形：（一）直接购买银行、信托、证券、基金、期货、保险资产管理机构、金融资产投资公司等金融机构发行的资产管理产品；（二）通过发起设立、并购、参股等方式直接进行股权投资；（三）将财产委托给受金融监督管理部门监管的机构进行投资。"第 6 条第 2 款规定："慈善组织直接进行股权投资的，被投资方的经营范围应当与慈善组织的宗旨和业务范围相关。"第7条规定："慈善组织不得进行下列投资活动：（一）直接买卖股票；（二）直接购买商品及金融衍生品类产品；（三）投资人身保险产品；（四）以投资名义向个人、企业提供借款；（五）不符合国家产业政策的投资；（六）可能使本组织承担无限责任的投资；（七）违背本组织宗旨、可能损害信誉的投资；（八）非法集资等国家法律法规禁止的其他活动。"上述规定对慈善组织可以进行的投资活动和禁止进行的投资活动予以明确，但仍存在不足。比如，该办法适用的范围是有限的，根据该办法第2条和第19条的规定，该办法适用的主体是县级以上人民政府民政部门依法登记、认定的慈善组织以及未认定为慈善组织的基金会、具有公益性捐赠税前扣除资格的社会团体和社会服务机构。而对于未具有公益性捐赠税前扣除资格的社会团体和社会服务机构（民办非企业单位），无法适用该办法。然而，在实践中，未具有公益性捐赠税前扣除资格的社会团体和民办非企业单位同样对其财产有保值增值的需求，但民办非企业单位的相关法律法规对民办非企业单位是否可以从事保值增值投资活动未有任何规定，这就有可能会使民办非企业单位进行的保值增值投资活动被认为超出其章程规定的宗旨和业务范围进行活动或从事了营利性经营活动，而社会团体因为有前文所述的《关于社会团体开展经营活动有关问题的通知》《关于社会团体兴办经济实体有关问题的复函》作为支持，至少在投资兴办经济实体来间接从事章程规定的宗旨和业务范围内的经营活动不存在合法性问题，但在此之外的投资活动是否合法仍然存疑。但《保值增值暂行办法》的出台至少说明社会团体、民办非企业单位进行投资活动是被允许的，而且举重以明轻，既然具有公益性捐赠税前扣除资格的社会团体和社会服务机构可以进行投资活动，那不具备这个资格的社会团体和社会服务机构应该更可以，而且至少是可以投资《保值增值暂行办法》允许的范围。

（二）非营利组织在实践中有"市场化"的需求

由于非营利组织的"非营利性"及其使命的公益性或互益性，因此通常会被认为它们不能进行经营活动，不能赚取利润。但事实上，随着非营利组织数量与规模的不断扩张，非营利组织已无法仅靠会费或捐助来支持其生存与发展，故越来越多的非营利组织开展"自救"活动，从事经营活动获得收入谋求生机，走上"市场化"之路。由于现行非营利组织立法的不完善，非营利组织从事的经营活动又往往走在合法与非法的边缘，饱受质疑。在三种非营利组织类型中，公益基金会本质上是以捐赠财产为基础构建的一个资金收放平台，由于资金的收和放之间存在时间差，以及公益基金会长久存续的内在驱动，公益基金会必然存在保值增值的需求，因此现行立法中对基金会可以从事保值增值活动有明确的规定，故理论上基金会的市场化之路应比其他两类非营利组织更为顺畅。但实践中，由于"公益"目的的限制，公益基金会为资金保值增值而从事的一些活动也往往会被认为是不当保值增值活动而受到公众的质疑。

笔者于 2022 年 12 月 15 日登录中国裁判文书网（https：//wenshu.court.gov.cn/，该网站为统一公布全国各级人民法院的生效裁判文书的官方网站），以"基金会"为案件名称和当事人的关键词，选择"民事一审"作为审判程序（主要是为了避免搜索出进入二审程序的案件，因为二审与一审的案件事实基本重合），案件类型选择"民事案件"，文书类型选择"判决书"（主要是考虑判决书中可以体现出案件事实、当事人的意见及法院的意见，而裁定书一般仅对程序问题进行描述，调解书则无法体现法院的意见），共搜索出703份判决书，排除当事人实际上不属于公益基金会的判决书43份后剩下660份，笔者对该660份判决书进行了全文通读，在此基础上筛选出案件事实中涉及基金会从事保值增值活动的判决书203份。经过对该203份与公益基金会保值增值活动相关的生效判决的分析，笔者总结出了基金会从事不当保值增值活动（笔者将"不当保值增值活动"界定为违反《保值增值暂行办法》《基金会行为规定》以及虽未明确违反上述规定但可能会损害基金会信誉的保值增值活动）的主要类型如下。

1. 直接以借款名义出借给个人或企业

这类活动在不当保值增值活动中最为常见。在此类活动中，基金会直接向个人或企业出借款项，借款人须按约定向基金会支付利息。从出借款项的对象、借款原因及基金会的宗旨和业务范围看，此类出借活动中的绝大多数基金会的出借行为并不符合其宗旨和业务范围。比如在中国裁判文书网的裁判记录中就有10个案例均涉及泰顺县雅阳教育发展基金会作为原告向自然人借款人要求其偿还借款的纠纷。纠纷所涉借款的出借时间集中在2015年和2016年，除了撤诉未能说明借款原因的，其他的案件中判决书显示借款原因主要为资金周转。而泰顺县雅阳教育发展基金会的业务范围是"筹集、管理、使用基金，资助优秀教师和学生，资助贫困学生，资助教育教学改革，促进教育事业发展"，很明显其出借行为并不符合其宗旨和业务范围。

2. 名为股权投资/联营实为出借款项

在该类活动中，基金会与资金需求方签订联营协议或股权投资协议，约定与资金需求方联合经营某项目，但基金会不参与实际经营，无论项目有无盈利均收取固定的收益。例如，在陕西省西安残疾人福利基金会与西安市绿色田园生态科技有限责任公司、李某民间借贷纠纷一案[（2018）陕0113民初9583号]中，原告陕西省西安残疾人福利基金会（以下简称"西安残疾人基金会"）与被告西安市绿色田园生态科技有限责任公司（以下简称"绿色田园公司"）于2015年12月2日签订《联营协议书》，约定西安残疾人基金会出资100万元参与绿色田园公司营运的100亩猕猴桃园林改扩建项目，联营期限为12个月；《联营协议书》第3条约定，为支持发展残疾人事业，确保西安残疾人基金会联营的收益，此项目无论有无盈利，西安残疾人基金会联营款到绿色田园公司账户之日起计算，绿色田园公司按年7%分红给西安残疾人基金会，每半年结息一次，到期后将联营款本金如数还给西安残疾人基金会。审理该案的法院认为，双方签订《联营协议书》，西安残疾人基金会不参与实际经营，无论有无盈利，西安残疾人基金会收取7%固定的红利，绿色田园公司到期返还本金，符合民间借贷的构成要件，因而认定双方之间属于民间借贷关系，而非联营关系。

3. 名为委托理财实为出借款项

在该类活动中，基金会为了规避监管风险，名义上委托第三方进行投资理财，但在委托理财协议中约定受托方须向基金会支付固定的投资收益，且受托人并非有理财资格的企业。其中还有些基金会为进一步规避违法风险，将相关借款以托管形式委托给第三方后，约定第三方支付的收益以捐款的形式向基金会支付。如在四川西南交通大学教育基金会（以下简称"西南交大基金会"）与江苏中科新尚自动售货机有限公司（以下简称"江苏中科公司"）民间借贷纠纷一案［（2016）川 0106 民初 6266 号］中，西南交大基金会与江苏中科公司于 2012 年 4 月签订《托管协议》约定：西南交大基金会将四川省安徽商会向西南交通大学首期提供的奖学金基金 30 万元托管给江苏中科公司，托管期限为三年，在托管协议期间，江苏中科公司以 30 万元奖学金基金为基准，在西南交通大学以开展勤工俭学项目的方式，每年向西南交大基金会提供奖学金基金的 20% 收益 6 万元，作为奖励西南交通大学安徽籍优秀本科新生奖学金。

4. 与第三方进行与其宗旨和业务范围完全无关的合作或投资

一些基金会为了保值增值，或者为了筹集更多的资金，而与第三方进行与其宗旨和业务范围完全无关的合作或投资，比如业务范围主要为资助教育事业的基金会出资与房地产开发企业共同开发房地产，以及教育基金会向广告初创企业进行风险极高的天使轮投资等。又如，在广州市华宇扶贫基金会作为被告的系列案件中，广州市华宇扶贫基金会通过与房地产开发或销售公司合作，由该等公司将购房者购房价款的 20% 捐赠给广州市华宇扶贫基金会后，购房者可分期享受基金会的购房补贴公益资助，资助金额是购房款的 50%。广州市华宇扶贫基金会的业务范围虽然包括扶助社会贫困家庭安居，但从相关判决可大致看出其资助的购房对象并未限于贫困购房者，且上述行为被法院认定为名为公益资助，实为借贷后还款。

我国的公益基金会之所以会从事不当保值增值活动，笔者认为原因总体而言可以归纳为以下三点。

1. 新的慈善生态环境下基金会原始基金保值增值之需

根据我国《基金会管理条例》的规定，基金会的设立必须满足最低限额原始基金的要求，全国性公募基金会、地方性公募基金会、地方性非公募基金会的原始基金分别为不低于 800 万元、400 万元和 200 万元人民币，而且必须是到账货币资金。而且，依据《基金会管理条例》的规定，基金会每年用于公益事业的支出不得低于一定的比例，其中公募基金会不得低于上一年总收入的 70%（原始基金不被作为计算公益支出的基数❶），非公募基金会不得低于上一年基金余额的 8%。由于我国立法对基金会设立的原始基金要求的资金额相对较高，但这些资金中的大部分在到位后的很长一段时间内可能都无须运用到公益事业中，同时基金会的设立与专项基金的设立目的不同，其并非仅仅为了完成某个公益项目，需要考虑如何长久持续地进行公益项目运作，而公益项目的运作也往往有自身的时间规划，上述因素的结合不可避

---

❶ 刘忠祥. 基金会保值增值问题研究 [J]. 社团管理研究, 2011 (7): 15-18.

免地迫使基金会需要考虑如何确保自身已有的原始基金保值增值以及如何进一步开拓收入来源的问题。

正如萨拉蒙所言,当代慈善正朝着"超越拨款、超越基金会、超越捐赠、超越现金"的方向前进。一方面,在频发的金融危机、对传统捐赠的竞争激烈以及捐赠人的理念从传统捐赠向杠杆慈善转型的多重冲击下,基金会将无法指望传统捐赠成为其持续发展可以仰赖的主要收入资源;另一方面,传统慈善从公益的角度定义自己的工作,一门心思(或至少是主要)谋求社会回报,而慈善新前沿的行动主体带来了投资的理念,兼顾社会回报和经济回报,通过建立一些自我维持的体系,以期找到解决问题的长久之计。❶ 此外,由于基金会往往享受税收优惠待遇,故从某种意义上说,基金会的公益支出款项都有一些属于我们每个人,而慈善事业通过基金会进行时,还会增加额外的成本,比如基金会的行政成本,这就是为什么我们指望基金会能创造出比其支出的成本更大的价值,创造价值是基金会必须履行的义务。❷ 这就要求基金会不仅要将慈善资本用于公益事业,而且要让慈善资本增值,将有限的慈善资源社会效益最大化。❸ 因此,在新的慈善生态环境下,基金会必须寻找更多的保值增值方式来维持基金会的可持续发展。

---

❶ 莱斯特·M.萨拉蒙.撬动公益:慈善和社会投资新前沿导论[M].叶托,张远凤,译.北京:社会科学文献出版社,2017:3-5.

❷ Michael E. Porter, Mark R. Kramer. Philanthropy's New Agenda: Creating Value [J]. Harvard Business Review, 1999, 77 (6): 121-130.

❸ 杨丽.创造价值:公益创新的战略选择——读《慈善的新议题:创造价值》[J].中国非营利评论, 2011, 7 (1): 193-205.

2. 现行立法无法满足基金会通过常见投资方式进行保值增值的需求

从世界范围看，基金会保值增值的方法除了购买金融机构发行的一些理财或资产管理产品外，主要还包括债权投资、股权投资、准股权投资以及混合型投资，其中债权投资又是其中最常见的投资工具。[1] 从前述中国裁判文书网上搜索到的 203 个与公益基金会保值增值活动相关的生效判决也可以看出，债权投资实际上也是我国基金会常用的保值增值方式。但我国现行立法整体而言对基金会将贷款作为保值增值方式是不予认可的。

根据《中华人民共和国商业银行法》、中国人民银行颁布的《贷款通则》等金融法律法规的规定，从事贷款活动的前提是必须取得银行业监督管理机构颁发的许可证，擅自发放贷款或企业之间擅自办理借贷或者变相借贷的，将被追究法律责任。由于公益基金会并不拥有银行业监督管理机构颁发的贷款许可，因此其无法从事贷款业务。《最高人民法院关于审理民间借贷案件适用法律若干问题的规定》虽然承认了民间借贷合同的有效性，但这种承认的前提是该等借贷必须是借贷双方之间为生产、经营需要而订立，而公益基金会为保值增值而进行的经常性贷款行为显然不属于为生产、经营需要。也正因如此，许多实际属于贷款的行为往往以"投资"或"合作"的名义进行，而《保值增值暂行办法》又

---

[1] European Venture Philanthropy Association. The EVPA Survey 2017/2018: Investing for Impact [EB/OL]. (2018 - 11 - 06) [2021 - 08 - 12]. https://evpa. eu. com/knowledge - centre/publications/investing - for - impact - the - evpa - survey - 2017 - 2018.

进一步规定不能以投资名义向个人、企业提供借款，《基金会行为规定》更是直接规定"基金会不得向个人、企业直接提供与公益活动无关的借款"，因此可以说，公益基金会以贷款作为常规性的保值增值方式在我国并不受立法的支持。

虽然贷款作为常规性的保值增值方式在我国并不受立法的支持，在司法实践中，公益基金会作为出借人出借款项的合理利息却得到支持。在笔者搜索到的上述涉及公益基金会向其他企业或个人提供与公益活动无关的借款案件的判决中，除了一个判决，其他法院均未认定借款行为无效，反而支持基金会按照相关借款合同约定收取利息（该等利息的年利率普遍在 10% ~ 24%）。从公益基金会的角度而言，贷款是风险最低的一种保值增值方式，因此基金会乐于采用该种投资方式也就不足为奇了。

3. 社会投资尚未成为我国基金会资金运用的主要方式

社会投资（社会影响力投资）是一个相对较新的术语，用于描述主要为创造切实的社会影响，同时也有可能获得财务回报的投资。❶ 慈善事业发展到今天，传统的捐赠已不再作为受认可的唯一的资助方式，同时兼顾社会回报和财务回报的社会投资越来越受到青睐。社会投资既可以作为慈善资助方式，也可以作为公益基金会实现保值增值的途径，因此，越来越多的公益基金会开始尝试进入社会投资领域。而根据北京社启社会组织建设促进中心与南都公益基金会联合启动的"中国社会企业与社会投资行业扫描调研"的调研结

---

❶ John E. Clarkin, Carole L. Cangioni. Impact Investing: A Primer and Review of the Literature [J]. Entrepreneurship Research Journal, 2016, 6 (2): 135-173.

果，虽然受访的基金会中有近七成表示在未来三年会扩大社会投资规模或维持现有水平不变，但在受访的 18 家基金会中，有近一半的基金会在 2017 年的社会投资比重仅在 20% 及以下。❶ 社会投资的常见投资工具主要包括债权投资、股权投资、准股权投资和混合型投资（如可转换债、可转换捐赠等）。❷ 如果不考虑金融监管立法，基金会运用上述投资工具并不一定会违反民政部门的相关规定。比如债权投资，如果基金会向公益组织或社会企业提供贷款，或者是向符合基金会宗旨的对象提供贷款（比如青年创业基金会向符合其宗旨的有需要的创业青年提供贷款），就不会违反民政部的现行规定。而股权投资，只要被投资方的经营范围与基金会的宗旨和业务范围相关，亦不会违反现行立法的规定。然而，作为社会投资的最主要投资对象——社会企业，在我国还处于初创期，近半数的企业成立于 2015 年及之后，且截至 2017 年年底有"自觉意识"的社会企业（指通过参与业内活动，认同自己的社会企业身份，同时同行也接纳并认同其社会企业身份的社会企业）数量仅为 1684 家。❸ 因此，可供基金会进行社会投资的对象尚处于奇货可居的状态，从而社会投资这种兼具保值增值功能的慈善方式尚无法成为我国基金会的主要资金运用方式。

---

❶　北京社启社会组织建设促进中心，南都公益基金会. 中国社会企业与社会投资行业调研报告 [M]. 北京：社会科学文献出版社，2019.

❷　EVPA Knowledge Centre. A Practical Guide to Venture Philanthropy and Social Impact Investment [EB/OL]. (2018 - 03 - 21) [2024 - 08 - 12]. https://evpa. eu. com/download/A_Practical_Guide_to_VP_SII_2018. pdf.

❸　北京社启社会组织建设促进中心，南都公益基金会. 中国社会企业与社会投资行业调研报告 [M]. 北京：社会科学文献出版社，2019.

二、完善非营利组织相关立法的建议

到 21 世纪中叶基本实现全体人民共同富裕，是中国共产党十九大确立的第二个百年奋斗目标的重要内容。在推进共同富裕已成为我国当前各界共识的今天，作为慈善事业主要载体及实现共同富裕目标重要推手的非营利组织，其发展壮大之重要意义不言自明。正如弗斯顿伯格所言，现代的非营利机构必须是一个混合体，就其宗旨而言，它是传统式的慈善性机构，而开辟财源方面，它是一个成功的商业机构。当这种两种价值观在非营利组织体内相互依存时，非营利组织就会充满活力。❶ 经营活动是非营利组织可持续发展不可避免要参与的活动之一，立法应给予其生存空间，并在具体的制度设计上确保其非营利组织不偏离"公益"之目标。

（一）尽快出台《社会组织管理条例》对非营利组织从事经营活动予以规制

2016 年《中华人民共和国慈善法》（以下简称《慈善法》）出台后，民政部曾制定《社会组织登记管理条例（草案征求意见稿）》并向社会公开征求意见，该条例将现行的《社会团体登记管理条例》《民办非企业单位登记管理暂行条例》《基金会管理条例》予以整合，意图形成统一的社会组织立法，但遗憾的是该条例至今未能出台。而且，在该《社会组织登记管理条例（草案征求意见稿）》中，关于非营利

---

❶ 弗斯顿伯格. 非营利机构的生财之道［M］. 朱进宁，赵勇仁，程尔普，等译. 北京：科学出版社，1991：77.

组织能否从事经营活动的问题，仅简单规定"社会组织不得从事营利性经营活动"，对于什么是营利性经营活动，哪些经营活动是非营利组织可以从事的，有何限制，等等，均未提及，从一定程度上说，这个规定较之现行的三大条例，可以说是退步，因为至少《基金会管理条例》明确了基金会可以从事基金的保值增值活动，而《社会组织登记管理条例（草案征求意见稿）》连这一规定都删除了。

各国各地区对非营利组织经营活动进行规制的类型主要有以下三种：（1）绝对禁止，即禁止非营利组织参与任何具有商业目的的活动。例如印度就属于此类。（2）原则禁止，例外允许。（3）允许但予以合理限制，即原则上允许非营利组织从事经营活动，但要附加一定的条件进行限制。❶ 限制的方式主要包括：（1）对营利活动安全性提出要求，包括概括地提出安全性要求或在概括性提出要求的基础上列举一些安全性的具体措施，例如，《德国巴伐利亚财团法》要求财团对于其财产应以安全的经营的方式予以管理，克罗地亚通过立法对公益性社会组织的营利活动方式进行了列举，而美国则是通过对非营利法人理事的谨慎投资义务做出具体要求来维护非营利组织的资金安全。（2）对营利活动的规模予以限制，许多国家从投资比例或收入比例的角度限定营利活动规模，例如《印度尼西亚财团法》要求财团在参与商业活动时，投入的财产不能超过财团财产总值的 25%，❷ 美国和加

---

❶ 吕来明，刘娜．非营利组织经营活动的法律调整［J］．环球法律评论，2005（6）：730-736.

❷ 于飞．论公益性社会组织营利活动的法律规制［D］．沈阳：辽宁大学，2013：18.

拿大都要求非营利组织持有商业公司股份不得超过 20%，美国还规定免税组织的无关商业活动必须少于年活动或收入的一半，❶ 澳大利亚则规定非营利组织的资金可以用于投资取得收益，但投入的资金数额不得超过非营利组织资金总额的25%，❷ 日本规定新公益法人不能持有可以控制其他团体的股份，还要求其营利活动所得的利润不能超过该组织总收入的一半。❸（3）要求营利活动的实施须具备独立性。例如在日本，如果公益法人要从事营利活动，必须另外开设营利组织，公益法人与其营利企业不得混同，否则取消混同组织的公益性社会组织的资格。对于在确认公益法人与其营利企业是否混同时，《关于指导监督公益法人经营标准》主要从以下几个方面进行判断：经营管理活动是否混同；职员是否混同；公益法人是否对营利企业进行了不合理的融资；在营利企业所需要的设施上公益法人是否给予过其过分的便利；公益法人是否向营利企业派出具有实质支配权的兼职人员和提供了具有支配意义的投资；公益法人的职员是否从营利企业中获得不合理的利益分配。❹

如前所述，在我国，在法律和行政法规层面，《社会团体登记管理条例》《民办非企业单位登记管理暂行条例》除

---

❶ 王名，李勇，黄浩明. 美国非营利组织［M］. 北京：社会科学文献出版社，2012：136.

❷ 廖鸿，石国亮. 澳大利亚非营利组织［M］. 北京：中国社会出版社，2011：183.

❸ 王名，李勇，廖鸿，等. 日本非营利组织［M］. 北京：北京大学出版社，2007：120-125.

❹ 于飞. 论公益性社会组织营利活动的法律规制［D］. 沈阳：辽宁大学，2013：19.

了明确规定社会团体和民办非企业单位不得从事营利性经营活动，其他均语焉不详。而《基金会管理条例》除在第28条中原则性地规定"基金会应当按照合法、安全、有效的原则实现基金的保值、增值"之外，也再未着墨。《慈善法》则在上述规定之外，对慈善组织增加了如下要求：（1）慈善组织投资取得的收益应全部用于慈善目的；（2）慈善组织的重大投资方案应经决策机构组成人员三分之二以上同意；（3）慈善组织的负责人和工作人员不得在慈善组织投资的企业兼职或者领取报酬。就《慈善法》的上述要求，笔者认为除了最后一个要求，其他两个都不是实质性的限制。第一，《慈善法》认定慈善组织的其中两个标准就是"不以营利为目的"和"以开展慈善活动为宗旨"，而《基金会管理条例》中亦明确规定基金会是以从事公益事业为目的的非营利性法人，而且无论是《慈善法》还是《基金会管理条例》，对基金会的支出范围和比例都有较为严格的限制，因而"慈善组织投资取得的收益应全部用于慈善目的"这一规定并不会带来更多的限制；第二，"慈善组织的重大投资方案应经决策机构组成人员三分之二以上同意"的规定虽然比目前《基金会管理条例》的相关规定要严格（后者仅规定是决策机构出席人员的三分之二以上通过，而出席人员又必须是全体应出席人员的三分之二以上），但这一规定只是从内部决策程序上确保慈善机构的投资更为谨慎。可见，总体而言，我国在法律和行政法规层面对非营利组织是否可以从事经营活动，从事经营活动是否有何限制，基本处于空白状态。因此，有必要在未来的《社会组织管理条例》❶ 中对此予以规定。而且，未来的《社会组织管理条例》还应采取措施避免非营利组织过度从事经营活动从而分散非营利组织在其服务其宗旨方面的精力，甚至沦为打着公益旗号为私人牟利的工具，同时避免非营利组织的经营活动对其他从事同类经营性活动的企业构成不公平竞争❷。即便对本国现行非营利组织商业活动限制具体政策有异议的学者，也同意应对非营利组织的商业活动采取必要的限制，例如美国学者理查德·施马尔贝克（Richard Schmalbeck）虽然不赞同美国现行关于基金会不得持有超过 20% 商业公司股份的规定，但也认同限制基金会控制商业公司的必要性。❸ 因此，笔者认为，未来的《社会组织管理条例》应在明确社会组织可以直接或间接从事经营活动的同时限制社会组织从事经营活动的规模，禁止社会组织主动投资与其宗旨和使命不直接相关的商业企业，鼓励社会组织在被投资企业尽可能持有优先股而非普通股（如规定持有优先股的，可不受持股比例的限制），将社会组织工作人员的工资福利和行政办公支出与其公益支出挂钩（而不是与当年总支出挂钩）等都是可以考虑的合理限制方式。

---

❶ 笔者认为该条例的名称不应该称《社会组织登记管理条例》而应称《社会组织管理条例》，因为该条例并非仅规制与登记相关的事宜，《社会组织登记管理条例（草案征求意见稿）》中除了登记管理事项外，还包括活动准则、信息公开等章节。

❷ 例如，取得免税资格的非营利组织的捐赠收入是免税的，捐赠人将其资金捐赠给拥有税前抵扣资格的非营利组织也享有抵扣的税收优惠，故该等非营利组织以该等资金作为投资资金从事与其他没有享受相关税收优惠的主体一样的经营活动，显然会构成不公平的竞争优势。

❸ Richard Schmalbeck. Reconsidering Private Foundation [J]. Tax Law Review, 2004, 58: 59-101.

（二）完善《保值增值暂行办法》，为非营利组织的投资活动提供更科学的指引

现行《保值增值暂行办法》的出台虽然拨开了社会组织是否可以进行投资活动的迷雾，为一部分社会组织的投资活动提供了指引，但仍然存在许多不足，主要体现在以下两个方面。

1.《保值增值暂行办法》规制范围不清晰

《保值增值暂行办法》到底是规范慈善组织所有的投资活动，还是仅仅规范以保值增值为目的的投资活动？目前的相关规定并不清晰。

从名称上看，《保值增值暂行办法》仅规范慈善组织以"保值增值"为目的的投资活动，那么，如果并非以"保值增值"为目的的投资活动，比如某基金会投资其他企业（如社会企业）正是符合其宗旨的活动，是否适用该办法的规定？仅从该办法第1条规定的立法目的"为规范慈善组织的投资活动……"来看，似乎该办法是规范慈善组织的所有投资活动。

然而，该办法第3条中又规定慈善组织"在确保年度慈善活动支出符合法定要求和捐赠财产及时足额拨付的前提下，可以开展投资活动"，似乎认为"投资活动"一定不是"慈善活动"，而如果投资活动不是慈善活动的话，那必定也只能属于保值增值的方式，这一逻辑在该办法第5条也得到体现，该条规定"慈善组织可以用于投资的财产限于非限定性资产和在投资期间暂不需要拨付的限定性资产"，该条规定的假设前提显然是认为"限定性资产"的捐赠者肯定不会

约定其捐赠的资产可用于投资。然而，随着"投资型慈善"的理念逐渐深入人心，越来越多的捐赠者不再采用传统的捐赠方式，而是与社会组织约定将其捐赠资产用于投资社会企业，并要求社会组织建立完善的投资机制，以确保该等捐赠资产投资后能够在社会组织层面回收其投资本金（甚至还有投资收益）并对其他社会企业进行投资，以实现捐赠资金的多轮使用，尽可能帮助更多的社会企业，从而使捐赠资金产生更高的社会效益。也就是说，投资活动本身也是慈善活动的一种形式，而且很可能成为某些捐赠者指定的慈善活动方式。因此，《保值增值暂行办法》规制的范围不清晰，尤其对于以投资形式从事慈善活动的情形是否适用该办法的规定，仍然存疑。

此外，该办法仅适用于慈善组织、未认定为慈善组织的基金会、具有公益性捐赠税前扣除资格的社会团体和社会服务机构，那么其他社会组织是否适用，不适用的理由又是什么？

2. 对投资活动类型的限制存在缺陷

根据《基金会行为规定》及《保值增值暂行办法》，我国目前相关规定中明确列举的禁止投资活动包括八种：（1）直接买卖股票；（2）直接购买商品及金融衍生品类产品；（3）投资人身保险产品；（4）以投资名义向个人、企业提供借款或向个人、企业直接提供与公益活动无关的借款；（5）不符合国家产业政策的投资；（6）可能使本组织承担无限责任的投资；（7）违背本组织宗旨、可能损害信誉的投资；（8）非法集资等国家法律法规禁止的其他活动。

笔者认为，上述对投资活动类型的限制主要存在如下问题。

1. 禁止直接买卖股票的规定存在不合理之处

根据 2024 年《公司法》的规定，股票是股份有限公司签发的证明股东所持股份的凭证，也就是说，股票既可能是上市公司签发的，也可能是非上市股份公司签发的。上市公司的股票买卖由于风险较大，因此予以禁止是可以理解的，但非上市股份公司的股票买卖，实际上与一般的股权投资无甚区别，既然现行规定对股权投资并未一律禁止，也就没有理由绝对禁止买卖非上市股份公司的股票。此外，对于上市公司的股票，买和卖也应予以区别对待，在出售上市公司股票方面，至少有两种情形是不应予以禁止的：一是社会组织接受上市公司的股份捐赠后又希望出售该等股份；二是社会组织原持有非上市公司股权，后该公司上市，社会组织拟出售其持有的该公司股份的。

2. 社会组织是否可以向他人提供借款的规定不甚明确

以基金会为例，根据《保值增值暂行办法》的规定，基金会不得以投资名义向个人、企业提供借款，而同时《基金会行为规定》又规定基金会不得向个人、企业直接提供与公益活动无关的借款。结合上述规定，似乎可以得出结论，基金会只要不是以投资名义且提供的是与公益活动相关的借款，是被允许的。但正如前文所述，向他人提供借款这种方式作为基金会常规性的保值增值方式在我国并不受金融立法的支持，结合这一点，再考虑到出借款项实践中是我国基金会保值增值的常见方式，但 2019 年出台的《保值增值暂行办法》未把出借款项明确列为主要的保值增值投资活动类型，所以，《保值增值暂行办法》中规定的禁止"以投资名义向个人、企业提供借款"，到底仅仅禁止"名为投资实为借贷"，还是其实质是全面禁止对外提供借款这种活动？此外，民政部的上述规定仅明确禁止提供借款的对象的企业和个人，那是否意味着出借给非营利组织是可行的，即便借款与公益活动无关？

3. 缺乏对主动进行股权投资时所持有的被投资企业的股权比例限制

出于避免社会组织把过多精力放在商业经营上以及因此而导致从事同行业的企业处于不公平的竞争劣势，或者避免私人利用社会组织控制其他企业等考虑，绝大多数国家和地区的立法都对社会组织从事商业活动进行限制❶，其中一种普遍的限制方式就是规定社会组织持有营利性企业的股权之比例上限，例如美国要求非营利组织持有商业公司股份不得超过 20%，❷ 加拿大则规定全部由非独立关系的个人成立的私人基金会不得拥有超过 20% 的任何类别的私人公司的股份，❸ 日本规定新公益法人不能持有可以控制其他团体的股份。❹ 我国 1988 年颁布的《基金会管理办法》也曾规定基金会购买某个企业的股票额不得超过该企业股票总额的 20%，

---

❶ 吕来明，刘娜. 非营利组织经营活动的法律调整 [J]. 环球法律评论，2005 (6)：730-736.

❷ 王名，李勇，黄浩明. 美国非营利组织 [M]. 北京：社会科学文献出版社，2012：136.

❸ Aptowitzer, Adam, et al. At the Crossroads: New Ideas for Charity Finance in Canada [EB/OL]. (2012-03-08) [2020-03-29]. https://www.cdhowe.org/public-policy-research/crossroads-new-ideas-charity-finance-canada.

❹ 王名，李勇，廖鸿，等. 日本非营利组织 [M]. 北京：北京大学出版社，2007：120-125.

但该规定在 2004 年发布的《基金会管理条例》中消失，原因是监管者认为《基金会管理办法》中原对基金会开展资金活动的范围限制得太死，因此在《基金会管理条例》中取消了该规定，仅规定在遵循合法、安全、有效的原则下，基金会可以去进行其认为比较合适的投资。❶

有学者认为，虽然我国呈现出废止比例规则的制度发展路径，但并非基于理性思考的结果。❷ 笔者对此表示认同。《基金会管理条例》完全取消相关规定的做法有矫枉过正之嫌。遗憾的是，《慈善法》和《保值增值暂行办法》也未能对《基金会管理条例》的相关规定予以纠正。

4. 与社会组织投资相关的法律责任规定存在缺陷

社会组织行为失范所引发的不仅是公众物质财富损失，更重要的是将导致公众信任瓦解❸，因而有必要采取较为严格的法律责任来达到阻吓相关违法行为的目的。我国目前与社会组织投资法律责任的相关规定非常少，散见于《慈善法》《基金会管理条例》《保值增值暂行办法》的若干规定中。主要包括：《保值增值暂行办法》第 17 条规定，慈善组织将不得用于投资的财产用于投资，民政部门依据《慈善法》第 99 条的有关规定进行处罚；慈善组织违反该办法规定的，民政部门可以给予警告，并责令限期改正。《慈善法》

---

❶ 民政部副部长姜力介绍《基金会管理条例》有关情况［EB/OL］．（2004 - 03 - 19）［2020 - 04 - 15］．http：//finance. sina. com. cn/g/20040319/1312679119. shtml.

❷ 李政辉. 非公募基金会的基本矛盾与规制研究［M］. 北京：法律出版社，2015：233.

❸ 李晓倩，蔡立东. 基金会法律制度转型论纲——从行政管控到法人治理［J］. 法制与社会发展，2013，19（3）：131-140.

第 99 条第 1 款第 1 项规定，慈善组织将不得用于投资的财产用于投资的，由民政部门予以警告、责令限期改正；逾期不改正的，责令限期停止活动并进行整改：《基金会管理条例》第 43 条规定，基金会理事会违反该条例和章程规定决策不当，致使基金会遭受财产损失的，参与决策的理事应当承担相应的赔偿责任。

整体而言，笔者认为上述法律责任的规定至少存在如下问题：（1）法律责任过轻，仅有民事责任和行政责任，没有刑事责任，而行政责任仅限于警告和责令改正、责令停止活动及整改；（2）处罚的类型过少，缺乏财产罚、缺乏除了警告以外的声誉罚，行为罚也缺少了像撤销登记这类的处罚形式；（3）有些违法行为的法律责任缺位，比如社会组织投资领域和对象不符合《保值增值暂行办法》规定的，现行立法未规定法律责任；（4）对个人的责任仅限于民事责任，行政责任和刑事责任缺位；（5）对理事会成员决策不当导致社会组织遭受财产损失时的"决策不当"未能作出限定，且未能区分领取薪酬理事与未领取薪酬理事的民事责任。

针对《保值增值暂行办法》存在的上述问题，笔者建议从如下方面着手予以完善。

1. 扩大《保值增值暂行办法》的规制范围

将《保值增值暂行办法》名称中的"保值增值"四字删除，将该办法的规制范围明确定位为所有投资活动，并在此定位下对该办法予以修改，包括但不限于在可用于投资的资产范围中增加支持者希望以投资方式进行慈善活动的资产，并对作为慈善活动的投资与纯粹为了保值增值的投资活动在投资方式/类型、投资对象等方面予以区别对待，原则上对于作为慈善活动的投资的限制性规定，应比作为保值增值的投资活动的限制性规定要少一些。比如，对于通过借款方式进行的慈善投资活动，应予以允许，当然，这还需要民政部门与金融监管部门共同制定相关规则予以规范。此外，应规定未能认定为慈善组织的所有社会组织，均应遵守该办法的规定。

2. 完善对投资活动类型的限制性规定

鉴于《保值增值暂行办法》对投资活动类型的限制存在若干不合理之处，笔者认为应至少从以下方面完善该等限制性规定：

（1）完善禁止直接买卖股票的规定。将禁止买卖的股票限定为上市公司的股票，且将接受捐赠的股票出售以及在被投资公司上市后出售社会组织在上市前已持有的该公司股票排除在禁止的投资活动之外。而且，如今后我国设立了社会企业证券交易所或在现有交易所架构内设立社会企业证券交易板块，则应允许基金会购买在该等交易所或交易板块上市的股票，以达到活跃社会企业证券交易市场、支持社会企业发展的目的。

（2）修改《保值增值暂行办法》，将禁止的借款行为明确限定为与公益活动无关的借款行为，无论是什么名义下的借款，只要是与公益活动无关的，均予以禁止，但如果是与公益活动有关的，无论其是以投资还是其他名义，都应允许。

3. 对社会组织主动进行股权投资时所持有的被投资企业的股权比例予以限制

如前所述，我国目前对社会组织持有被投资企业的股权比例并无限制，这虽然体现了对社会组织自主管理权的尊重，却无法控制因社会组织过度从事投资性活动从而分散基金会在公益方面的精力。有学者对国内基金会的对外投资与公益支出能力的相关性进行了研究，结果发现"基金会对外投资资产占总资产的比例越大，基金会的公益支出能力越弱，也就是说基金会将资金用于对外投资活动，占用了可以用于公益支出的资金，从而阻碍了基金会开展公益活动，同时，对外投资取得投资收入对公益支出能力并没有显著的增进作用"❶。因此，笔者认为，应修改《保值增值暂行办法》，规定社会组织除受赠股权外可以持有的企业股权的比例上限（参考我国《上市公司收购管理办法》中关于认定拥有上市公司控制权的规定，该比例可设定为30%）；鼓励社会组织在被投资企业尽可能持有优先股而非普通股（如规定持有优先股的，可不受持股比例的限制），当然，由于我国目前发行优先股的主体仅限于股份公司，而《保值增值暂行办法》又禁止直接买卖股票，因此目前社会组织实际上无法购买优先股。笔者认为，由于投资优先股的风险较低，因此《保值增值暂行办法》不应对此予以限制，未来应予以修改。

4. 参考社保基金投资活动立法，进一步规范社会组织的投资活动

社会组织的资产与社保基金最大的相似点就在于所有权人均是缺位的，因此，与拥有明确所有权人的财产相比，均

---

❶ 周咏梅，张乐乐，王晓琳. 公益基金会对外投资行为与其公益支出能力的相关性分析 [J]. 东方论坛，2017（6）：106-113.

更需要借助国家立法的制度化力量对该等财产予以保护，国家立法对该等财产的管理之介入程度也更深。因此，虽然社会组织投资不善所带来的影响与社保基金投资不善所带来的影响相比不可同日而语，但适当借鉴社保基金的相关立法来完善社会组织投资活动的立法还是非常必要的。

我国目前规范社保基金投资活动的主要立法是财政部颁布的《全国社会保障基金投资管理暂行办法》，该办法对社保基金的投资活动本身主要从投资产品的范围、投资产品比例、单个投资管理人管理的社保基金资产的投资限制、委托单个社保基金投资管理人进行管理的资产额度等方面进行规定。笔者认为，与社保基金的投资活动立法规范相比，现行社会组织的投资活动立法在投资产品的投资比例、单一投资管理机构的受托投资财产限额，以及购买任一金融机构发行的资产管理产品的比例上还欠缺相关的规范，尤其是对于有公募资格的社会组织而言，上述规范尤显重要。《保值增值暂行办法》可借鉴《全国社会保障基金投资管理暂行办法》的相关规定予以完善，以便分散投资风险。比如，对于银行存款和国债投资，规定一个最低的比例（如50%），委托任何一个投资管理机构进行管理的资产不得超过社会组织可用于投资资产的20%，购买任一金融机构发行的资产管理产品的比例不超过社会组织可用于投资资产的10%等。

5. 进一步完善社会组织与投资相关的法律责任

为了确保相关义务人依法履行法定义务，相应法律责任的配套是非常必要的，但我国目前关于社会组织投资活动的法律责任存在缺陷，应予以完善。笔者建议可从如下几个方面着手完善：（1）增加处罚的类型，如罚款、撤销登记、取消免税资格等；（2）增加对一些违法行为的法律责任，比如增加对基金会投资领域和对象不符合《保值增值暂行办法》规定的法律责任；（3）对负有责任的理事等个人增加声誉罚和行为罚，比如对个人实施警告，宣布其为不合适人选，在一定时期内禁止担任非营利组织的理事、监事等职务；（4）对违法情节特别严重的责任人，增加刑事责任的规定；（5）进一步明确理事会成员"决策不当"的含义，故意的损害行为和重大疏忽应属于"决策不当"之列，至于何为"重大疏忽"，笔者认同对于领取薪酬的理事，应尽到善良管理人的义务，而对于未领取薪酬理事，则只需尽到一般注意义务（即如同管理自己的事务那样去处理非营利组织的事务）的观点。❶

---

❶ 金锦萍. 非营利法人治理结构研究［M］. 北京：北京大学出版社，2005：153-156.

第五章

余　论

21 世纪以来，一场"慈善资本主义"革命悄然兴起。传统的慈善形式对捐赠者不再具有吸引力，"聪明的捐赠者"希望其捐赠可以通过慈善组织发挥"杠杆"而非"传送带"的作用，希望其捐赠可以为社会问题的根本解决提供助力而非仅仅充当"急救包"的角色，还希望其投入慈善组织的资金在获得社会回报的同时能取得财务回报。捐赠者的上述新需求，迫使慈善组织寻求新的慈善方式和运作机制。同时，ESG（Environmental, Social and Governance，环境、社会和公司治理）理念风靡全球，关注企业环境、社会、治理绩效的投资理念和企业评价标准越来越深入人心，而"道德消费者"数量的增长亦让企业和投资者无法忽视。这些变化都为社会企业带来了巨大的发展良机。

我国目前已初步构建起社会企业的生态系统，通过各方的努力，社会企业也越来越为社会公众所了解。但由于中央立法层面尚未承认社会企业的身份，这一生态系统还非常脆弱。我国当前已经到了扎实推动共同富裕的历史阶段，社会企业作为一种同时兼顾社会回报和财务回报的组织形态，是助力物质财富和精神财富均达到富裕状态之极其有效的载体，在我国已进入致力于实现共同富裕的伟大目标的当下，推动我国中央层面社会企业立法的政策之窗已然开启。中央层面社会企业立法的建构，将为社会企业的高速发展提供坚实的合法性基础。

本书即是笔者对我国社会企业立法建构进行系统性研究的一个初步尝试。在本书中，笔者虽基于社会企业三个维度的界定对目前已有的组织形式是否可以作为社会企业的载体作了全面剖析，但囿于笔者的能力，本书主要仅对社会企业的三个主流组织形式即公司、合作社和非营利组织的社会企业立法建构提出设想，并将着力点放在完善已有的《公司法》《农民专业合作社法》以及非营利组织相关立法上，但社会企业可以采取的组织形式并不仅限于这三种，因此，以其他组织形式存在的社会企业之立法建构还有待研究。此外，笔者在本书中的社会企业立法设想仍然是相对粗放的，许多立法的细节设计仍然有待未来进一步的深入探讨。

参考文献

著作类

1. 陈波. 逻辑学导论 [M]. 北京：中国人民大学出版社, 2003.

2. 邓小平. 邓小平文选（第3卷）[M]. 北京：人民出版社, 1993.

3. 董蕾红. 社会企业法律制度研究 [M]. 北京：知识产权出版社, 2020.

4. 弗雷德里克·莱卢. 重塑组织：进化型组织的创建之道 [M]. 进化组织研习社, 译. 北京：东方出版社, 2017.

5. 弗斯顿伯格. 非营利机构的生财之道 [M]. 朱进宁, 赵勇仁, 程尔普, 等译. 北京：科学出版社, 1991.

6. 韩少功. 在后台的后台 [M]. 北京：人民文学出版社, 2008.

7. 贺培育, 魏朝阳. 社会企业发展理论与实践报告 [M]. 长春：吉林大学出版社, 2021.

8. 杰拉尔德·G. 马尔腾. 人类生态学：可持续发展的基本概念 [M]. 顾朝林, 袁晓辉, 等译校. 北京：商务印书馆, 2012.

9. 金锦萍. 非营利法人治理结构研究 [M]. 北京：北京大学出版社, 2005.

10. 莱斯特·M. 萨拉蒙. 撬动公益：慈善和社会投资新前沿导论 [M]. 叶托, 张远凤, 译. 北京：社会科学文献出版社, 2017.

11. 李健. 社会企业政策：国际经验与中国选择 [M]. 北京：社会科学文献出版社, 2018.

12. 李政辉. 非公募基金会的基本矛盾与规制研究［M］. 北京：法律出版社，2015.

13. 廖鸿，石国亮，等. 澳大利亚非营利组织［M］. 北京：中国社会出版社，2011.

14. 毛基业，赵萌，王建英，等. 社会企业家精神（第二辑）：社会使命稳健性的概念与实践［M］. 北京：中国人民大学出版社，2020.

15. 毛泽东. 毛泽东文集：第 6 卷［M］. 北京：人民出版社，1999.

16. 马克思恩格斯文集：第 8 卷［M］. 北京：人民出版社，2009.

17. Michael. T. Hannan, John Freeman. 组织生态学［M］. 彭璧玉，李熙，译. 北京：科学出版社，2014.

18. 穆罕默德·尤努斯，卡尔·韦伯. 企业的未来：构建社会企业的创想［M］. 杨励轩，译. 北京：中信出版社，2011.

19. 税兵. 非营利法人解释：民事主体理论的视角［M］. 北京：法律出版社，2010.

20. 孙晓红. 合作社立法模式问题研究［M］. 北京：知识产权出版社，2012.

21. 田雪莹. 中国社会企业发展初探［M］. 长春：吉林大学出版社，2021.

22. 王名，李勇，廖鸿，等. 日本非营利组织［M］. 北京：北京大学出版社，2007.

23. 王名，李勇，黄浩明. 美国非营利组织［M］. 北京：社会科学文献出版社，2012.

24. 王名，王超. 非营利组织管理 ［M］. 北京：中国人民大学出版社，2016.

25. 威廉·冯·洪堡. 论国家的作用 ［M］. 林荣远，冯兴元，译. 北京：中国社会科学出版社，1998.

期刊类

26. 高海.《农民专业合作社法》的改进与完善建议 ［J］. 农业经济问题，2018（5）：43-52.

27. 郭铁民. 中国共产党领导百年农民合作社发展的"三个逻辑" ［J］. 福建论坛（人文社会科学版），2021（12）：5-22.

28. 韩文琰. 社会企业融资：英国经验与中国之道 ［J］. 东南学术，2017（3）：137-145.

29. 黄道新，王真. 农民合作社的发展现状与挑战——纪念《农民专业合作社法》颁布十周年 ［J］. 中国合作经济，2016（10）：14-18.

30. 蒋大兴，薛前强. 证券市场的结构性裂变——从商事证券到慈善证券的法律革命 ［J］. 证券法苑，2017，21（3）：49-91.

31. 金仁仙. 韩国社会企业发展现状、评价及其经验借鉴 ［J］. 北京社会科学，2015（5）：122-128.

32. 金仁仙. 社会经济制度化发展——以韩国《社会企业育成法》为视角 ［J］. 科学学与科学技术管理，2016（1）：38-45.

33. 井润田，刘丹丹. 组织生态学中的环境选择机制研究综述 ［J］. 南大商学评论，2013（2）：1-14.

34. 李健. 政策设计与社会企业发展——基于 30 个国家案例的定性比较分析 [J]. 理论探索, 2018 (2): 32-38.

35. 李慧雯, 孟飞, 张爱聆. 合作社社员投票权的标准 [J]. 金融经济, 2017 (14): 160-162.

36. 李军鹏. 共同富裕: 概念辨析、百年探索与现代化目标 [J]. 改革, 2021 (10): 12-21.

37. 李晓倩, 蔡立东. 基金会法律制度转型论纲——从行政管控到法人治理 [J]. 法制与社会发展, 2013, 19 (3): 131-140.

38. 黎桦, 徐洪斌. 合作经济组织法人的规范解释、发展境况与法律续造 [J]. 西南民族大学学报 (人文社会科学版), 2023, 44 (5): 62-70.

39. 刘大洪, 邱隽思. 我国合作经济组织的发展困境与立法反思 [J]. 现代法学, 2019, 41 (3): 169-180.

40. L. Timmerman, J. M. deJonah, A. J. P. Schild. 社会企业的崛起: 社会企业正在如何改变全世界的公司法 [J]. 湘江青年法学, 2015 (1): 122-134.

41. 刘迎秋. 加快民营经济发展的机制选择 [J]. 中国经贸导刊, 2003 (4): 7-8.

42. 刘志阳, 邱舒敏. 公益创业投资的发展与运行: 欧洲实践及中国启示 [J]. 经济社会体制比较, 2014 (2): 206-220.

43. 刘忠祥. 基金会保值增值问题研究 [J]. 社团管理研究, 2011 (7): 15-18.

44. 吕来明, 刘娜. 非营利组织经营活动的法律调整 [J]. 环球法律评论, 2005 (6): 730-736.

45. 马更新. 社会企业的法律界定与规制［J］. 北京联合大学学报（人文社会科学版），2021，19（3）：78-87.

46. 潘晓. 第三部门法的"社会企业"运动——欧美两种路径下的制度演进［J］. 北大法律评论，2012，13（1）：221-240.

47. 潘小娟. 社会企业初探［J］. 中国行政管理，2011（7）：20-23.

48. 彭璧玉. 组织生态学理论述评［J］. 经济学家，2006（5）：111-117.

49. 苏明. 中国财政支出管理透视［J］. 瞭望新闻周刊，1998（4）：10-12.

50. 谭赛.《供销合作社条例（送审稿）》中"合作制"定位及相关内容评析［J］. 时代法学，2020，18（5）：86-94.

51. 王浩杰. 俄罗斯社会企业立法实践及经验启示［J］. 国有资产管理，2021（6）：69-71.

52. 王名，朱晓红. 社会企业论纲［J］. 中国非营利评论，2010，6（2）：1-31.

53. 王世强. 社会企业的官方定义及其认定标准. 社团管理研究［J］. 2012（6）：38-41.

54. 杨百会. 社会组织价值几何？［J］. 中国慈善家，2018（8）：28-31.

55. 杨家宁. 社会企业研究述评——基于概念的分类［J］. 广东行政学院学报，2009，21（03）：78-81.

56. 杨丽. 创造价值：公益创新的战略选择——读《慈善的新议题：创造价值》［J］. 中国非营利评论，2011，7

（1）：193-205.

57. 姚瑶. 公司型社会企业的中国化：法律定位与监管逻辑 [J]. 河北法学, 2019, 37 (7)：78-88.

58. 张怀岭, 柳翠. 公司制社会企业可持续性的制度困境及其破解 [J]. 北京理工大学学报（社会科学版）, 2024, 26 (3)：76-87.

59. 郑南, 庄家怡. 社会组织发展的新形态——台湾社会企业的发展与启示 [J]. 学术研究, 2015 (9)：44-49, 159.

60. 周咏梅, 张乐乐, 王晓琳. 公益基金会对外投资行为与其公益支出能力的相关性分析 [J]. 东方论坛, 2017 (6)：106-113.

61. 朱国华, 陆戴汀. 社会企业资本市场制度研究 [M] //郭锋. 证券法律评论（2017 年卷）. 北京：中国法制出版社, 2017：173-196.

62. Andres Felipe Camargo Benavides, Michel Léon Ehrenhard. Rediscovering the Cooperative Enterprise: A Systematic Review of Current Topics and Avenues for Future Research [J]. Voluntas, 2021, 32.

63. Baker T, Nelson R E. Creating Something from Nothing: Resource Construction through Entrepreneurial Bricolage [J]. Administrative Science Quarterly, 2005, 50 (3)：329-366.

64. Chris Low. A framework for the governance of social enterprise [J]. International Journal of Social Economics, 2006, 33 (5/6)：376-385.

65. Comini G, Barki E, Aguiar L. T. D. A three-pronged approach to social business: A Brazilian multi-case analysis [J]. Revista de Administração, São Paulo, 2012, 47 (3): 385-397.

66. Dana Brakman Reiser, Steven A. Dean. Hunting Stag with Fly Paper: Hybrid Financial Instrument for Social Enterprise [J]. Boston College Law Review, 2013, 54: 149-154.

67. David J. Tucker, Jitendra V. Singh, Agnes G. Meinhard. Organizational Form, Population Dynamics, and Institutional Change: the Founding Patterns of Voluntary Organizations [J]. Academy of Management Journal, 1990, 33 (1): 151-178.

68. Dennis R. Young, Jesse D. Lecy. Defining the Universe of Social Enterprise: Competing Metaphors [J]. Voluntas, 2014 (25): 1307-1332.

69. Defourny J, Nyssens M. Fundamentals for an international typology of social enterprise models [J]. Voluntas, 2017, 28 (6): 2469-2497.

70. Di Domenico M, Haugh H, Tracey P. Social bricolage: Theorizing social value creation in social enterprises [J]. Entrepreneurship: Theory & Practice, 2010 (4), 681-703.

71. Marcelo Okano, et al. Measuring the Benefits of ICTs in Social Enterprises: An Exploratory Study [J]. Brazilian Business Review, 2021 (18): 317-333.

72. Francisco Pizarro Escribano, Francisco Javier Miranda González. Creation of Work Integration Social Enterprises

（WISEs） by Social Action Organizations: Proposal of a Model for Decision - Making [J]. Voluntas, 2023, 34: 222-238.

73. Granados, Maria L. et al. Social Enterprise And Social Entrepreneurship Research And Theory: A Bibliometric Analysis From 1991 To 2010 [J]. Social Enterprise Journal, 2011, 7 (3): 198-218.

74. Inés Alegre. Social and economic tension in social enterprises: Does it exist? [J]. Social Business, 2015 (5): 17-32.

75. E. Iecovich. The profile of board membership in Israeli voluntary organisations [J]. Voluntas, 2005, 16 (2).

76. Joel A. C. Baum, Christine Oliver. Toward an Institutional Ecology of Organizational Founding [J]. Academy of Management Journal, 1996, 39 (5): 1378-1427.

77. John E. Clarkin, Carole L. Cangioni. Impact Investing: A Primer and Review of the Literature [J]. Entrepreneurship Research Journal, 2016, 6 (2): 135-173.

78. Konsti-Laakso, Suvi et al. 2016 Participatory Design of a Social Enterprise for Rehabilitees [J]. Work: Journal of Prevention, Assessment & Rehabilitation, 2016, 55 (1): 145-153.

79. Marcelo Okano, Celi Langhi, Rosinel Batista Ribeiro. Measuring the Benefits of ICTs in Social Enterprises: An Exploratory Study [J]. Brazilian Business Review, 2021 (18).

80. Marika Arena. Giovanni Azzone and Irene Bengo, Performance

Measurement for Social Enterprises [J]. Voluntas, 2015, 26: 649-672.

81. Michelle Cho. Benefit Corporations in the United States and Community Interest Companies in the United Kingdom: Does Social Enterprise Actually Work? [J]. Northwestern Journal of International Law & Business, 2017, 37: 149-172.

82. Michael E. Porter, Mark R. Kramer. Philanthropy's New Agenda: Creating Value [J]. Harvard Business Review, 1999, 77 (6): 121-130.

83. Pascal Dey, Simon Teasdale. Social Enterprise and Dis/identification: The Politics of Identity Work in the English Third Sector [J]. Administrative theory & praxis, 2013, 35 (2): 248-270.

84. Richard Schmalbeck. Reconsidering Private Foundation [J]. Tax Law Review, 2004, 58: 59-101.

85. Sarah Dadush. Regulating Social Finance: Can Social Stock Exchanges Meet The Challenge? University of Pennsylvania Journal of International Law, 2015, 37: 139-230.

86. Wendy K. Smith, Michael Gonin, Marya L. Besharov. Managing Social-Business Tensions: A Review And Research Agenda For Social Enterprise [J]. Business Ethics Quarterly, 2013 (3): 407-442.

87. Timothy Besley, Maitreesh Ghatak. Profit with Purpose? A Theory of Social Enterprise [J]. American Economic Journal: Economic Policy, 2017, 9 (3): 19-58.

网络文献

88. 邓国胜. 中国 NGO 问卷调查的初步分析 [EB/OL]. [2024-06-20]. https://max. book118. com/html/2018/0922/8027106103001124. shtm.

89. Anna Triponel, Natalia Agapitova. Legal Frameworks for Social Enterprise: Lessons from a Comparative study of Italy, Malaysia, South Korea, United Kingdom and United State, World Bank, Washington, DC [EB/OL].[2024-04-12]. https://openknowledge. worldbank. org/handle/10986/26397.

90. Aptowitzer, Adam, et al. At the Crossroads: New Ideas for Charity Finance in Canada [EB/OL]. (2012-03-08) [2020-03-29]. https://www. cdhowe. org/public-policy-research/crossroads-new-ideas-charity-finance-canada.

91. Kathy O. Brozek. Exploring the continuum of social and financial returns [M/OL]. San Francisco: Federal Reserve Bank of San Francisco, 2009 [2024-04-12]. https://community-wealth. org/sites/clone. community-wealth. org/files/downloads/article-brozek. pdf.

92. V. Chiodo, M. Calderini, M. Arena, etal. Social Impact Bond: new finance or new procurement? [J/OL]. ACRN JOURNAL OF FINANCE AND RISK PERSPECTIVES, 2015, 4 (4) [2024-08-12]: 168-189. https://re. public. polimi. it/retrieve/handle/11311/960008/471461/1066_Social% 20Impact% 20Bond_new% 20finance% 20or%

20new% 20procurement_Veronica% 20Chiodo% 20copia. pdf.

93. Dees J. G. , Anderson B. B. Framing a theory of social entrepreneurship: building on two schools of practice and thought [R/OL]. ARNOVA Occasional Paper Series, 2006 (3), https: //centers. fuqua. duke. edu/case/wp - content/uploads/sites/7/2015/02/BookChapter_Dees_FramingTheoryofSE_2006. pdf.

94. J. Defourny, M. Nyssens. Conceptions of Social Enterprises in Europe and the United States: Convergences and Divergences [EB/OL]. [2024 - 04 - 12]. https: //www. google. com/url? sa = t&rct = j&q = &esrc = s&source = web&cd = &cad = rja&uact = 8 &ved = 2 ahUKEwj4l8mxnPz2AhXjl1 YBHUBfDAwQFnoECAQQAQ&url = https% 3 A% 2F% 2Fiae. univ – nantes. fr% 2Fmedias% 2Ffichier% 2Fcommunication_j_1224259083- 400. pdf% 3FID_FICHE% 3D296308% 26INLINE% 3DFALSE&usg = AOvVaw3bBa0jmi–OGcqujNtvxYqP.

95. Antonio FICI. A European Statute for Social and Solidarity: Based Enterprise, 2017, European Parliament's Committee on Legal Affairs and commissioned, overseen and published by the Policy Department for Citizens' Rights and Constitutional Affairs [EB/OL]. [2018 – 05 – 27]. https: // www. europarl. europa. eu/RegData/etudes/STUD/2017/583123/ IPOL_STU (2017) 583123_EN. pdf.

96. Department For Tradeand Industry, UK. Social Enterprise: A Strategy For Success (2002) [EB/OL]. [2024 – 08 – 12]. https: //employeeownership. com. au/eoa/wp – content/up-

loads/2020/08/Social - enterprise - A - strategy - for - success. pdf.

97. European Commission. Social enterprises and their ecosystems in Europe. Comparative synthesis report. Authors: Carlo Borzaga, Giulia Galera, Barbara Franchini, Stefania Chiomento, Rocío Nogales and Chiara Carini [M/OL]. Luxembourg: Publications Office of the European Union, 2020 [2024-08-12]. https: //ec. europa. eu/social/main. jsp? advSearchKey = Social + enterprises + and + their + ecosystems + in+Europe&mode = advancedSubmit&catId = 22&doc_submit = &policyArea = 0&policyAreaSub = 0&country = 0&year = 0.

98. European Venture Philanthropy Association. The EVPA Survey 2017/2018: Investing for Impact. [EB/OL]. (2018-11-06) [2021-01-18]. https: //evpa. eu. com/ knowledge - centre/publications/investing - for - impact - the - evpa-survey-2017-2018.

99. EVPA Knowledge Centre. A Practical Guide to Venture Philanthropy and Social Impact Investmen [EB/OL]. (2018-03-21) [2024-08-12]. https: //evpa. eu. com/ download/A_Practical_Guide_to_VP_SII_2018. pdf.

100. International Co-operative Alliance: Statement on the Co-operative Identity [R/OL]. (1995-09-23) [2024-01-05]. http: //www. Gdrc. org /icm/coop-principles. html.

101. Jacques Defourny, M. Nyssens. The EMES Approach of Social Enterprise in a Comparative Perspective [EB/OL]. [2024-04-12]. https: //www. researchgate. net/publica-

tion/295367694.

102. Kim Alter. Social Enterprise Typology [EB/OL]. [2024 - 04 - 12]. http://www.4lenses.org/setypology/print.

103. Korea Social Enterprise Promotion Agency. 2021 Korea Social Economy [EB/OL]. [2024 - 08 - 22]. https://www.socialenterprise.or.kr/_engsocial/? m_cd = 0401.

104. OECD. Social Enterprises (1999) [EB/OL]. [2024 - 08 - 12]. https://read.oecd-ilibrary.org/urban - rural - and - regional - development/social - enterprises_9789264182332 - en#page10.

105. OECD and European Commission. Boosting Social Enterprise Development: Good Practice Compendium [EB/OL]. (2017 - 04 - 21) [2024 - 08 - 12]. https://www.oecd - ilibrary.org/docserver/9789264268500 - en.pdf? expires = 1526957080&id = id&accname = guest&checksum = 805AA - CCFEB80CBBD033D0B4A916DBF41.

106. OECD. Designing Legal Frameworks for Social Enterprises: Practical Guidance for Policy Makers, Local Economic and Employment Development (LEED) [M/OL]. Paris: OECD Publishing, 2022 [2024 - 08 - 12]. https://doi.org/10.1787/172b60b2-en.

107. Pekka PÄTTINIEMI. Work Integration Social Enterprise in Filand [EB/OL]. [2024 - 08 - 12]. https://emes.net/content/uploads/publications/PERSE _ WP _ 04 - 07 _ FIN.pdf.

108. Henry Peter, Carlos Vargas Vasserot, Jaime Alcalde Silva.

The International Handbook of Social Enterprise Law： Benefit Corporations and Other Purpose‐Driven Companies ［M/OL］. Springer Nature，2023 ［2024‐08‐12］. https：//link. springer. com/book/10. 1007/978‐3‐031‐14216‐1.

109. Regulator of Community Interest Companies Annual Report 2022‐2023 ［EB/OL］.［2024‐08‐12］. https：//assets. publishing. service. gov. uk/media/65842aa7ed3c3400133‐bfd1e/cic‐23‐02‐community‐interest‐companies‐annual‐report‐2022‐2023. pdf.

110. World Economic Forum. The State of Social Enterprise： A Review of Global Data 2013 ‐ 2023 ［R/OL］. 2024 ［2024‐08‐12］. https：//www. weforum. org/publications/the‐state‐of‐social‐enterprise‐a‐review‐of‐global‐data‐2013‐2023/.

111. Dennis R. Young. "If Not for Profit, for What?"（2013）. 2013 Faculty Books 1 ［EB/OL］.［2024 ‐ 08 ‐ 12］. https：//scholarworks. gsu. edu/facbooks2013/1.

其他文献

112. 北京社启社会组织建设促进中心，南都公益基金会. 中国社会企业与社会投资行业调研报告 ［R］. 北京：社会科学文献出版社，2019.

113. 国务院法制办政法司，民政部民间组织管理局.《社会团体登记管理条例》《民办非企业单位登记管理暂行条例》释义 ［M］. 北京：中国社会出版社，1999.

114. 金锦萍，陶溥. 外国社会企业立法译汇［M］. 北京：中国社会科学出版社，2022.

115. 游文佩，路城，陈静雅，等. 中国慈展会社会企业认证发展报告（2015—2018）［R/OL］. 深圳：中国慈展会组委会办公室，2020［2024－08－12］. https：//www. csedaily. com/wp-content/uploads/2022/08/2022082302-333795. pdf.

116. 于飞. 论公益性社会组织营利活动的法律规制［D］. 沈阳：辽宁大学，2013.

后　记

写这篇后记时，我突然意识到我的上一本专著出版至今已近十年。回想起来，正是我上一本专著出版后，我就开始集中精力投入非营利这一对我而言全新的领域研究。这十年也是非营利组织及慈善事业大发展的十年：让公众感受到快乐公益的"冰桶挑战"项目、后发展为全民公益日的"99公益日"活动的开启、支付宝推出后续带动近7亿人参与低碳生活的"蚂蚁森林"项目、《中华人民共和国慈善法》《中华人民共和国境外非政府组织境内活动管理法》《志愿服务条例》的出台……都发生在这十年。2019年年底开始并意外地持续了三年的新冠疫情，亦是这期间难以泯灭的记忆，但幸运的是在这段记忆中还镌刻着非营利组织和志愿者们活跃的身影。

我至今仍记得十年前初涉非营利领域时惊讶于我国非营利组织立法的匮乏与薄弱，并窃喜找到了一片研究的"蓝海"。然而，当真正踏入这片蓝海准备畅游时，我发现能力有限的我因缺乏着力点而逐渐体力不支，恐有溺亡之风险。所幸的是，在我彷徨之时，一个偶然的机会我阅读了尤努斯所著的《穷人的银行家》，深深被格莱珉银行的运作模式所吸引，社会企业自此进入了我的研究视野。此后至今的近八年时间里，我在社会企业这块在中国仍属于荒地的领域默默耕耘，并有幸与一群志同道合的研究者和业界人士一起见证了社会企业在中国的成长。

近八年来，我基于对中国社会企业发展的思考而陆陆续续写下了一些文章。2023年年底回看这些文章时，竟发现它们之间已然呈现出一个较为清晰的紧密逻辑，便动了要将它们整理出版的念头，算是为自己与社会企业结缘八年留个纪念。

本书得以出版，首先要感谢我的儿子义弋，是他陪着我一起进入非营利这个全新的领域，我们一起参加义工旅行，一起参与公益组织的项目，他还协助我查找在国内找不到的文献资料。其次要感谢广东财经大学公共管理学院的各位同事，他们营造了一个宽松、和谐、向上的教研氛围，使我能够安心进入一个自己感兴趣但又全新的领域。最后，我还要感谢参加我讲授的"非政府组织发展与管理"这门课的学生，从他们眼里的光我找到了坚持在这个领域学习和研究的成就感，与他们的互动也让我学习到了许多。此外，我还要感谢海南智渔可持续科技发展研究中心的创始人韩寒女士，她让我近距离地感受到了公益人的魅力，这也成为我在这一领域继续前行的一大动力。我尤其要感谢知识产权出版社刘江编辑和他的同事，没有他们的帮助，此书不可能得以顺利出版。

最后，我想借用《南方周末》2023年新年贺词来表达我此刻的心情：不是美好已在前方等待，而是相信撬动了向往。春天终将回馈每一个在冬天里的抱薪者、坚守者、发光者。